개정판

기독교 다시 보기

우리시대의 기독교를 이해하기 위한 입문서

기독교 다시 보기 〈개정판〉

인문 · 외국학도서 77

개정판

기독교 다시 보기

이성덕, 손의성, 안 신, 김기철

배재대학교 출판부

개정판
기독교 다시 보기

초 판 | 2014년 8월 30일
5 쇄 | 2019년 9월 15일
개정판 | 2020년 8월 31일

지은이 | 이성덕, 손의성, 안 신, 김기철
발행인 | 김선재
발행처 | 배재대학교 출판부
35345 대전광역시 서구 배재로 155-40(도마동)
전 화 | 042-520-5252
팩 스 | 070-4850-8407
홈페이지 | http://library.pcu.ac.kr/press

ISBN 978-89-6332-129-5
정가 9,000원

글머리에

한국 사회에서 기독교는 더 이상 외래 종교라고 할 수 없을 정도로 우리의 모든 삶의 영역에 깊은 영향을 주고받으며 우리의 일부가 되었습니다. 그래서 좋든 싫든 한국 사회를 이해하기 위해서 기독교를 모르고서는 온전한 이해가 불가능하게 되었습니다. 이런 현실임에도 불구하고 기독교에 대해서 전체적으로 제대로 알고 있는 사람이 많지 않은 것도 사실입니다. 비기독교인인 경우는 말할 것도 없고, 기독교인조차도 자신이 믿고 있는 신앙에 대한 깊이 있는 성찰이 부족한 채 관습적인 신앙인으로 머무는 경우가 많습니다. 올바른 인식 없이 맹목적으로 믿거나, 통속적인 차원에서 비판하는 행위는 지성인으로서 성실하지 못한 일일 것입니다. 그래서 책 제목을 『기독교 다시 보기』로 하였습니다.

이 책은 기본적으로 아펜젤러 선교사님에 의해 세워진 배재학당에 뿌리를 두고 있는 배재대학교 학생들에게 기독교를 소개하는 목적으로 집필되었으나, 기독교의 중요한 내용을 개략적으로 이해하고자 하는 모든 교양인들을 위한 것이기도 합니다. 기존에 있던 교재인 『기독교와 현대사회』는 출판된 지 오래되어 새로운 교재가 요청되는 상황에서 필자를 포함하여 새로운 교수님들이 참여하여 이 책을 출간하게 되었습니다. 필자의 글 가운데는 『기독교와 현대사회』에 수록되었던 글 중에 약간의 손질을 가한 글(제 2강, 제 8강)도 포함되어 있습니다.

이 책은 모두 4부 13강으로 구성되어 있습니다. 이성덕 교수가 제 2강, 제 3강, 제 4강, 제 8강을, 손의성 교수가 제 11강, 제 12강, 제 13강을, 안신 교수가 제 1강, 제 5강, 제 6강을, 심기절 교수가 제 7강, 제 9강, 제 10강을 저술하였습니다. 각 장의 끝에는 "함께 생각해 보기"를 첨가하여 각 장의 주제에 대한 이해를 돕고자 하였습니다.

이 책을 쓰면서 필자들은 이 교재를 사용하게 될 교수님들과 강의를 듣게 될 학생들이 마음에서 떠나지 않았습니다. 짧은 시간에 대부분이 비기독교인인 학생들에게 어떻게 기독교 신앙을 효과적으로 전달할 것인가를 늘 고민하는 교수님들의 모습과, 어쩔 수 없이(?) 듣게 되는 부담감에 다소 당혹스러울 학생들의 모습이 오버랩 되었습니다. 아무쪼록 뜻하지 않게 만나게 된 이 만남이 새로운 삶과 새로운 신앙의 세계에 대해 눈을 뜨게 되어 진리와 생명의 근원이 되시는 하나님과의 행복한 동행으로 이어지게 되기를 간절히 바랄 뿐입니다.

2014년 7월

집필자를 대표하여 이 성 덕 씀

[개정판 머리말]

교과명이 〈기독교정신과 아펜젤러인성〉으로 변경되면서, 아펜젤러 선교사님의 생애와 사상 그리고 배재대학교의 건학이념에 대한 교육자료의 필요성이 강의 현장에서 계속해서 대두되었다. 따라서 개정판의 〈부록〉에 이성덕 교수의 "아펜젤러의 삶과 정신, 그리고 건학이념"을 추가하였다. 그리고 1장에 2015년 인구총조사(Census)의 종교인구통계를 반영하여 내용을 개선하였다. 포스트코로나시대에도 청년들이 기독교의 세계관과 문화를 공감적이며 객관적이고 체계적으로 이해할 수 있는 교재가 되기를 희망한다.

2020년 8월

목 차

제I부 인간과 종교

제II부 성서와 기독교 신앙의 기초

제Ⅲ부 기독교와 영성생활

제IV부 기독교와 사회

제 I 부

인간과 종교

문화와 종교

기독교는 다른 문화권에 종교적 메시지를 전달하는 '선교하는 종교' (missionary religion)이다. 이러한 적극적인 포교활동은 불교와 이슬람교에서도 나타난다. 따라서 기독교를 이해하기 위해서 먼저 일반적인 종교의 개념과 정의를 이해하고 세계와 한국의 종교분포를 대략적으로 분석하며 종교가 지닌 다양한 기능을 설명할 필요가 있다.

1. 종교란 무엇인가? - 종교의 개념과 정의

종교는 인간의 삶 속에 제기되는 다양한 물음에 해답을 준다. "우리는 어디에서 와서 어디로 가는 것인가?" 그리고 "우리는 어떻게 살아가야 하는가?" 이처럼 과거, 현재, 미래를 관통하는 삶과 죽음에 대한 실존적 물음들이 있다. 이러한 물음으로 인하여 인간은 우주와 자연의 가시적인 세계에 만족하지 않고 그 너머로 궁극적 삶의 의미를 탐색하게 한다. 우리는 일상 속에서 이렇게 말하는 사람들을 자주 만난다. "이곳에 태어난 것을 하나님께 감사드립니다." "오늘 하나님께서 도와주셔서 일이 잘 된 것 같아요." "할머니는 지금 하나님 곁에 계시겠죠?" "하나님은 사랑이 많으시고 전능하신 분인데 왜 이렇게 참혹한 일이 우리에게 일어난 것일까요?" "하나님은 제 편이시겠죠?" 오늘날 우리는 과학의 시대를 살고 있지만 눈에 보이지도 느껴지지도 않는 세계와 가치에 대하여 많은 이야기를 듣게 된다.

그렇다면 종교의 어원은 어떻게 될까? 한자어 종교(宗敎)는 어원적으로 '높은 가르침,' 즉 '진리를 깨우친 최고의 경지'를 의미한다. 영어 '릴리지온'(Religion)은 라틴어 '렐리지오'(religio)에서 유래하였는데 그 어원에 대한 설명도 다양하다. "다시 읽다", "선택하다", "주의 깊게 고려하다"를 뜻하는 '렐레가레'(relegere)에서 나왔다는 주장도 있고 "다시 묶다," "다시 연결하다"를 의미하는 '렐리가레(religare)에서 기원했다는 의견도 있다.

종교의 어원설이 복잡하듯이 종교에 대한 학자들의 정의도 다각도에서 제안되어 왔다. 첫째, 신학적 정의에서는 "신(들)을 믿는 것," "영적인 존재들(천사, 사탄 등)을 믿는 것," "두려우면서도 끌리는 신비," "인간 영혼에 깃든 신적인 삶" 등으로 종교를 이해한다. 루돌프 오토는 1917년에 출간한 『성스러움』(Das Heilige)에서 종교를 비합리적인 누미노제의 개념으로 설명하였다. 종교란 거룩한 존재 앞에서 피조물의 감정을 느끼는 것으로 합리적이며 도덕적인 개념이라기보다는 감정적이며 직관적인 체험이라고 주장한 것이다.

둘째, 윤리적 정의에서는 종교를 "올바른 삶을 사는 것," "감정이 묻어난 도덕성," "신의 명령에 대한 인간의 의무," "인간의 감각을 초월한 양심의 가책" 등으로 간주한다. 임마누엘 칸트는 종교를 "인간의 의무를 신의 명령으로 인식하는 것"으로 생각했다. 지극히 악한 존재인 인간은 선을 행하기 위하여 그리스도의 윤리적 삶을 지향하는 것을 종교로 간주한다는 것이다. 그에게 종교는 신의 도덕적 명령을 성취하기 위한 도구였다.

셋째, 철학자도 종교를 여러 방식으로 정의해 왔다. 파울 틸리히는 모든 관심들을 희생하면서까지 전념할 수 있는 대상을 "궁극적 관심"(ultimate concern)의 대상으로 규정했다. 알프레드 화이트헤드는 "개인이 자신의 고독(solitariness)과 상대하는 것"이라고 종교를 정의하였다. 그리고 루드비히 포이어바흐는 종교를 "사랑, 힘, 희망, 지식 등과 같은 인간적인 속성들을 완벽한 형태로 인간 외부에 있는 상상적인 존재에 비추는 투사(projection)"로 설명하였다.

넷째, 종교에 대한 심리학적 정의들도 제기되어 왔다. 프리드리히 슐라이에르마허는 "절대의존의 감정"으로 종교를 설명하면서 이성 중심의 합리주의적 종교정의를 견제하였다. 버트란드 러셀은 종교를 "두려움에서 생긴 심리적인 질병"으로 보았고 정신분석학의 창시자 지그문트 프로이트는 "보편적 강박신경증"으로 종교를 정의

하면서 인간이 성장하면서 성숙한 과학적 사고가 심리적 건강을 가져와 정신장애를 극복할 수 있을 것이라 진단했다.[1)]

다섯째, 사회학에서도 종교의 정의를 제안해 왔다. 칼 마르크스는 변혁을 통해 개선이 필요한 사회적 불만과 고통을 망각하게 만드는 종교를 비판하였다. 무산자에게 사후세계에 대한 희망만을 약속한다는 점을 들어 종교를 "민중의 아편"(the opium of people)으로 보았고 그 허구성을 비판하였던 것이다. 에밀 뒤르깽은 종교를 "사회 그 자체"로 규정하며 인간들을 통합시키는 집단표상으로 설명하였다. 그에 따르면, 종교는 "신성한 사물들, 즉 구별되고 금지된 것들과 관련된 믿음들과 의례들의 통합된 체계"이다. 결국 이러한 종교의 믿음들과 의례들은 사회적 실재들의 상징적 표현들인 것이다. 종교사회학자 막스 베버는 역사와 사회를 이해하는 과정에서 종교가 독립적인 원인으로 작용하고 있다고 주장하였다. 예를 들어, 현대사회의 경제적 자본주의는 기독교의 칼뱅주의자들이 강조한 소명의식과 세속적 금욕주의에서 유래한 것이라고 설명하였다.

이처럼 종교의 정의는 여러 분야에서 다양하게 시도되어 왔다. 이러한 정의들은 나름대로 의의는 있지만 모든 학자들이 수용할 만한 절대적인 정의는 사실상 없다. 그러므로 이 글에서는 "궁극적인 가치와 연관된 물음과 해답의 상징체계"로 종교를 잠정적으로 정의한다. 여기서 "궁극적 가치"(ultimate value)란 신(神), 하나님/하

---

1) 프로이트는 대표적인 심리학적 환원주의자로서 종교의 환상적 측면을 강조하였다. 아버지로부터 보호를 받고 싶은 인류가 유아기의 무력감 때문에 자신의 외부에 강력한 아버지의 모습으로 신의 존재를 상정하게 되었다고 설명하였다.

느님, 부처님, 알라, 도(道), 사랑/자비, 진리 등으로 표현될 수 있을 것이다. 그리고 인간은 인생을 살면서 삶과 죽음에 대한 다양한 실존적인 "물음"(question)을 던지게 된다. 이러한 물음에 대하여 수긍할 만한 "답변"(answer)을 제공해 온 문화가 바로 종교이며 주로 "상징체계"(symbolism)의 형태로 종교적 진리를 표현하고 전승해 왔다. 그러나 이러한 가설적인 정의도 가족유사성(family resemblance)의 관점에서 협소하게 적용되기보다는 광의적인 개념으로 사용되어야 할 것이다. 분명한 것은 종교를 어떻게 정의하느냐에 따라서 종교가 다양하게 나타난다는 것이다.

2. 세계 종교와 한국 종교의 지형 – 종교의 분포와 현황

세계 인구 가운데 85%가 종교를 가지고 있다. 그러므로 우리가 종교를 이해하는 것은 인간의 문화유산과 역사를 이해하는 데 반드시 필요하다. 종교의 규모로 볼 때 현재 가장 큰 종교는 22억의 기독교(가톨릭, 개신교, 정교회 등 포함)이다. 그 뒤를 이어 10억의 이슬람교가 두 번째로 크고 힌두교가 10억 명, 불교 5억 명 순서로 각각 3위와 4위를 차지하고 있다. 그리고 종교가 없는 무종교인구(non-religious)도 11억 명에 달하고 있다.

세계의 종교분포별로 살펴보면 기독교는 유럽과 북미 및 남미에서 큰 영향을 주고 있고 이슬람교는 중동과 북아프리카와 아시아에서 다수 종교이다. 그리고 힌두교는 인도대륙을 중심으로 자리를 잡고 있으며 불교는 남동아시아와 동아시아에서 그 위세를 떨치고 있다. 우리나라가 세계에서 가장 '세속적인' 국가에 속하는 이유는 종교인구가 2015년 기준으로 불과 44%로 세계 종교인구의 평균에 크게 밑돌기 때문이다. 한국의 종교인구 대부분은 기독교와 불교에 속해있으며 두 종교 외에 민속종교로서 천도교, 원불교, 증산교, 대종교 등이 있지만 1% 미만이다. 최근에 사회적 주목을 받고 있는 한국내 이슬람교도 1%에 이르지 못하고 있다.

미국 퓨(Pew)연구소의 2010년 자료에서도 종교인구에는 큰 변화가 없다. 전체 69억의 인구 중 84%에 이르는 약 58억 명의 인구가 종교인으로 추정된다. 기독교인은 22억 명으로 전체인구의 32%를 구성하며, 무슬림은 16억 명으로 전체인구의 23%를 구성한다. 나아가 힌두교인은 10억 명으로 전체인구의 15%를 이룬다. 불자는 5억 명으로 7%를, 유대인은 1,400만 명으로 전체인구의 0.2%를 형성했다. 게다가 약 4억 명에 해당하는 5.9%의 인구가 아프리카전통종교, 중국토착종교, 북미원주민종교, 호주아보리진종교를 포함한 원주민종교를 신앙하고 있다. 나머지 1%미만에는 바하이신앙, 자이나교, 시크교, 신도, 도교, 천리교, 위카 및 조로아스터교 등이 포함되어 있다.

우리가 주목해야 할 사실은 6명 중에 1명에 해당하는 세계인구의 16%인 11억 명이 종교가 없다는 점이다. 무종교인구가 기독교와 이슬람에 이어 3번째로 큰 규모의 세계 종교가 되었으며 세계 천주교의 규모만큼 커졌다. 무종교 인구는 무신론자와 불가지론자를 포함할 뿐만 아니라 종교적 신념이 있으면서도 특정한 종교에 소속감을 나타내지 않는 경우도 있다. 혹은 무종교인이라고 자기 스스로 인식하면서도 종교의례에 참여하는 경우도 있다.

<표1> 종교별 인구변화 추이(1985-1995-2005-2015년)(단위: 명, %)

구분	인구				구성비			
	1985년	1995년	2005년	2015년	1985년	1995년	2005년	2015년
계	40,420	44,553	47,041	49.052	100.0	100.0	100.0	100.0
종교 있음	17,203	22,598	24,970	21,554	42.6	50.4	52.9	43.9
불교	8,060	10,321	10,726	7,619	19.9	23.2	22.8	15.5
개신교	6,489	8,760	8,616	9,676	16.1	19.4	18.2	19.7
천주교	1,865	2,950	5,146	3,890	4.6	6.6	10.8	7.9
원불교	92	86	129	84	0.2	0,2	0.3	0,2
유교	483	210	104	76	1.2	0,5	0.2	0.2
천도교	26	28	45	66	0.6	0.6	0.1	0.1
대종교	11	7	4	3	0.3	0.0	0.0	0.0
기타	175	225	196	139	0.5	0.5	0,4	0.3
종교 없음	23,216	21,735	21,865	27,499	57.4	49.6	47.1	56.1

출저: 통계청 홈피(http://www.nso.go.kr)의 국가통계포털(http://www.kosis.kr)

우리나라는 "종교박물관"(Museum of Religions) 혹은 "종교문화의 저장고"라고 할 정도로 다양한 종교인들이 살고 있다. 세계 종교인구의 추세가 전체인구의 85%에 육박하고 있는 데 반하여 한국에는 종교인구가 43.9%로 세계 종교인구의 평균에 못 미치는 '세계에서 가장 세속적인 국가'에 해당한다. 세계의 무종교인구가 10%대에 머물러 있지만 한국의 무종교(비종교)인구는 무려 56.1%에 이르는 것으로 나타났다. 이처럼 우리나라는 종교인구와 무종교인구의 비율이 거의 절반씩 차지하는 독특한 인구구성을 보여준다.

2015년 인구조사에 따르면 한국에서 기독교(개신교와 천주교)가 가장 규모가 크다. 개신교의 19.7%와 천주교의 7.9%를 합치면 기독교 인구는 27.6%에 이르며, 불교는 15.5%로 그 뒤를 따른다. 기독교와 불교를 합치면 43.1%에 이르므로 양대 종교로서 한국의 종교인구를 독점하고 있다. 두 종교에 해당하지 않는 다른 종교들은 합쳐도 비율이 0.8%로 나타날 정도로 미약하다. 이슬람교, 힌두교, 바하이신앙 등의 대표적인 외래종교도 우리나라에 유입되어 활동하고 있지만 인구조사의 통계에 나타나지 않고 있다.

10년 주기로 조사된 인구조사(1985, 1995, 2005, 2015년)를 통해서 종교별 변화의 추이를 확인할 수 있다. 불교는 꾸준히 그 수가 증가해 왔다. 1985년에 800만 명이었던 불교신자의 수는 10년 뒤인 1995년에 226만 명이 늘어나 1032만 명이 되었지만, 그 후 10년 뒤인 2005년에는 40만 명이 증가하여 1072만 명이 되었다. 그러나 2015년 762만 명으로 급격히 감소하였다.

기독교 안에서는 개신교와 천주교의 희비가 엇갈렸다. 개신교의 신자 수는 최근 감소하고 있다. 1985년에 649만 명에서 10년 뒤인 1995년에 227만 명이 늘어나 876만 명이 되었고, 다시 10년 뒤인

2005년에는 14만 명이 줄어들어 862만 명으로 감소했다. 그러나 2015년에 968만 명으로 반등에 성공하였다. 반면에 천주교는 급속한 증가세를 보여주다가 최근에 급락하였다. 1985년에는 187만 명으로 전체인구의 4.6%에 머물렀지만 10년 뒤인 1995년에는 109만 명이 증가하여 295만 명이 되어 전체인구의 6.6%를 차지하게 되었다. 그 후 10년 뒤인 2005년에는 220만 명이 증가하여 전체인구의 10.9%를 차지하는 515만 명으로 증가하였다. 그러나 2015년에는 예상과는 달리 389만 명으로 감소하였다. 개신교와 천주교는 예배와 미사에 참석하지 않는 냉담자의 문제로 인하여 '재(再)복음화'의 방식을 고심하고 있다.

한국의 민족종교들 가운데 2015년 기준으로 원불교가 가장 규모가 크며 그 뒤를 천도교, 증산교, 대종교가 따르고 있다. 한편 인구조사에 나타나지 않고 있는 다양한 종교들이 있다. 무속(巫俗), 민간신앙, UFO종교, 뉴에이지종교 등은 적지만 활발하게 활동하고 있다. 그리고 우리나라에서는 기독교의 성탄절(크리스마스)과 불교의 석가탄신일(부처님 오신 날)이 공휴일로 지정되어 지켜지고 있다.

3. 종교는 무엇을 하는가? - 종교의 기능

종교는 사회에 다양한 영향을 미친다. 종교는 사회의 연대를 강화하기 위하여 사회의 구성원들에게 명확한 권위와 규범을 제공한다. 사회의 구성원이 세계관을 형성할 수 있도록 궁극적 관심과 가치의 대상을 제시함으로써 개인의 이기심과 이질적인 가치관의 충돌을 사전에 예방한다. 그리고 사회적 문제가 일어났을 때 공동체가 지향해야 할 공동선을 제시하고 의미를 부여함으로써 사태를 극복한다.

종교의 사회적 기능에 우리가 주목해야 하는 이유는 종교는 사회에 부정적인 영향도 주지만 여러 가지 긍정적 영향도 주기 때문이다. 종교에 대한 맹목적인 신앙만큼 위험한 것이 바로 종교에 대한 무관심이며 그로 인한 '종교적 문맹'(religious illiteracy)이다. 따라서 다양한 문화적 배경을 지닌 시민들이 더불어 사는 우리사회에서 종교가 사회에 주는 순기능과 역기능을 파악하는 일은 원활한 소통과 상생의 문화를 정착시키기 위하여 중요하다.

첫째, 종교는 사회를 통합(integration)하는 기능을 지닌다. 에밀 뒤르깽은 종교가 사회적 가치와 규범을 정당화하여 사회 구성원들에게 공통된 집합의식을 심어주고 사회의 질서를 부여하며 안정에 기여한다고 주장하였다. 종교는 사회의 가치와 규범을 강화함으로써 사회의 공동체의식을 길러주는 것이다. 일제강점기 때 기독교를 위시한 천도교와 불교가 연합하여 일으킨 3.1독립운동은 국권을 상실한 한국인을 통합시킨 대표적 사례이다. 또한 종교는 사회의 계층구조가 부당한 힘과 부조리에 의해서 형성된 것이 아니라 정당한 이유에 의하여 형성되어왔음을 설득한다. 개인에게 가치체계를 제공함으로써 의미 있는 인생을 살게 도와주고 소외된 계층에게 복지서 비스를 제공하여 사회에 잘 적응할 수 있는 기회를 부여한다.

둘째, 종교는 사회를 통제(control)하는 기능을 지닌다. 사회가 질서를 유지하기 위해서 구성원 간의 합의가 필요하다. 구성원이 규범을 성실하게 준수하여 사회의 질서가 유지되지만 규범에 문제를 제기하고 제시된 규범을 지키지 않는다면 사회는 무질서와 혼란에 빠지게 된다. 사회적 규범에서 벗어난 일탈행위를 방지하기 위해서 종교는 구성원이 동의할 수 있는 규범을 제공한다. 4세기에 로마제국의 국교가 된 기독교는 광대한 영토와 다양한 민족을 통제하는 정치적 이데올로기로서 기능하였다. 이처럼 종교는 개인의 욕망과 본능을 절제시키고 집단의 목표와 대의를 보다 높은 가치로 제시함으로써 사회가 지닌 규범을 궁극적 가치로 공유하도록 만든다. 종교는 사회적 규범에서 일탈한 개인들에게 도덕적 제제와 처벌을 주고 이기적 행동을 극복할 수 있는 윤리체계를 제시한다. 종교의 가르침은 사회의 질서를 유지하는데 도움을 주고 개인이 책임 있는 자아로 사회화되는 데에도 기여한다.

셋째, 종교는 사회를 변혁(transformation)하는 기능을 지닌다. 막스 베버는 종교가 사회를 통합하는 보수적인 기능을 가지고 있을 뿐만 아니라 사회를 변화시키는 진보적인 기능도 수행한다고 주장했다. 낡은 질서를 타파하고 새로운 질서를 구축하기 위하여 종교가 대안을 제시하는데 기여한다는 것이다. 사회를 구성하는 개인의 가치관이 변할 때 사회의 경제구조와 정치질서가 변화될 수 있다. 따라서 종교가 구성원의 의식을 변화시킴으로써 사회의 변동을 유도

하는 동력으로 작용한다. 16세기의 종교개혁은 경직된 가톨릭교회의 체제를 쇄신시키는 계기를 마련하였다. 이처럼 종교는 사회의 변혁을 유도하기 위하여 사회를 비판한다. 사회의 부조리, 도덕적 타락, 경제적 모순, 정치적 부패 등을 공개적으로 비판함으로써 그러한 문제들을 초래한 질서에 도전하고 새로운 대안을 제시한다. 그러므로 종교는 새로운 가치를 제공하는 사회적 저항이나 혁명의 형태로 나타난다. 사회가 강화해 온 기존의 질서와 구조를 초월하고 사회를 유지해 온 기득권 세력의 이익을 무시한다. 오히려 그러한 가치를 대신하는 새로운 이념과 윤리를 제시하여 사회의 잘못을 바로잡는다.

넷째, 종교는 개인과 사회의 정체성(identity)을 확립시키는 기능을 지닌다. 종교는 개인이 사회의 구성원으로서 육체적 성장과 정신적 성숙을 조화시켜 스스로에 대한 올바른 이해를 갖게 하고 그에 맞는 행동을 하도록 돕는다. 체계적인 교육을 통하여 교리를 알기 쉽게 전달하고 반복되는 의례에 참여시킴으로써 세계를 바라보는 가치관을 형성한다. 이처럼 종교적 신념과 의례는 개인에게 공동체에 대한 소속감을 주고 집단 내에서 역할을 수행할 수 있는 책임감과 보람을 제공한다. 종교는 신체의 발달에 따라서 정신적 성숙을 이룰 수 있는 지혜를 전달한다. 의례는 성인이 된 개인에게 공동체 안에서 바른 위치와 역할을 공적으로 확인시켜주고 정신적 성숙을 함께 도모한다. 개인이 타자와 더불어 살면서 공동의 목표를 지향하도록 공존공생(共存共生)의 가치를 심어준다. 종교공동체 안에서 몸과 정신은 상호 분리되는 것이 아니라 건전한 종교 활동을 통하여 조화와 균형을 이루어 나간다. 종교는 '사회적 동물'로서 인간에게 개인의 정체성과 사회적 소속감을 동시에 부여한다.

다섯째, 종교는 인간의 삶에 의미(meaning)를 부여하는 기능을 지닌다. 인간의 삶은 계획대로 진행되지 않으며 예상치 못한 위험과 실패의 연속이다. 일련의 사건들에 대하여 인간은 고통과 죽음 그리고 삶의 객관적 의미를 묻고 과학적 설명을 찾지만 합리적으로 납득할만한 결론에 도달하지 못하는 경우가 적지 않다. 그러므로 종교는 삶의 문제에 이해할 수 있는 심오한 의미를 부여함으로써 사람이 일상생활뿐만 아니라 위기상황 속에서 잘 적응할 수 있도록 돕는다. 인간은 의미를 묻는 존재다. 어디에서 와서 어디로 가는 것인가? 갑작스러운 재난과 죽음은 왜 일어나는 것인가? 신은 존재하는가? 세상의 시작과 끝은 무엇인가? 그러한 참혹한 사고가 왜 하필이면 내가 사랑하는 사람에게 일어나는가? 죽음 이후에는 어떻게 되는가? 사람이 역사 속에서 일어나는 사건에 대하여 의미를 부여하게 되면 그러한 고통을 견디고 희생을 각오하며 인생을 살아갈 수 있다.

여섯째, 종교는 인간의 사고를 표현(presentation)할 수 있다. 인간은 일상 속에서 노동과 놀이를 병행하며 살아간다. 노동은 생존을 위해 필요하지만 놀이는 구체적인 목적을 갖고 있지는 않다. 놀이는 나름대로 규칙을 가지고 있으므로 놀이를 하는 동안에는 일상과는 단절된 다른 세계에 사는 것이다. 그 세계에서 개인은 일상에서 감지하지 못했던 능력을 자유롭게 발휘하고 자신을 표현한다. 종교도 놀이와 마찬가지로 신자에게 새로운 규칙과 상상력을 제공하고 새로운 삶을 약속한다. 종교의 법은 일상의 법과 다르다. 따라서 종교인은 성스러움과 속됨의 세계를 구별하며 상황에 맞는 상이한 행동방식과 윤리관을 선택하여 준수한다. 즉 인간은 종교의 '문법'(grammar)을 종교공동체에서 습득하고 그에 따라서 자신을 공동체의 가치관에 맞게 표현하는 것이다. 그 표현의 양식은 특정한 교리(신론, 인간론, 기독론 등), 특정한 의례(예배, 성례 등), 특정한 공동체(교회, 조직 등)의 형태로 드러난다. 일상적인 사회구조에서 드러내지 못했던 자신의 사고를 종교공동체의 독특한 방식을 통해서 나타내는 것이다.

요컨대 종교는 사회에서 여러 가지 순기능을 행한다. 그러나 종교도 다른 문화처럼 개인과 사회에 부정적 영향을 주는 역기능(dysfunction)을 지니고 있다. 종교는 정당성이 없는 인물이나 부패한 정부를 지지함으로써 사회의 구조적 악에 대하여 개혁 없이 묵인하기도 한다. 교리의 무비판적인 전달을 통하여 인간을 운명론이나 허무주의에 빠지게 만들 수도 있다. 나아가 개인에게 공동체의 가치를 강요하여 희생과 고통을 정당화하기도 한다. 종교의 통합적 기능이 지나치게 강조되면 체제의 혁신과 발전에 커다란 장애요인으로 작용할 수 있다. 나아가 사회의 통제가 극단적인 금기의 형식으로 나타나면 종교인의 이중적이며 배타적인 성격이 강화되기도 한다.

종교의 유토피아(utopia)적 세계관은 사회현실에 적용이 쉽지 않아서 비현실적일 수 있고 진리에 대한 배타적인 성격이 때로는 대화와 타협을 방해하기도 한다. 때로는 급진적 이데올로기로 변질되어 정치투쟁의 도구로 사용되기도 한다. 그리고 칼 마르크스가 종교를 '민중의 아편'에 비유한 것처럼 지배계급의 이익을 정당화하고 피지배계급의 개혁의지를 다른 곳으로 돌리기도 한다. 물론 이러한 종교의 역기능은 '본질적 기능'이라기보다는 '잠재적 기능'이라 할 것이다. 따라서 우리는 다문화, 다종교의 시대를 맞아 종교의 순기능과 더불어 역기능에 대해서도 균형 잡힌 성숙된 시각을 가져야 할 것이다.

□ 함께 생각해 보기

1. '종교'란 무엇인가? 그리고 무엇을 일컬어 '종교'라고 부를 수 있는가?
2. 인문·사회과학자들은 종교를 어떻게 정의하고 있는가?
3. 세계 종교와 한국 종교의 분포와 현황의 특징과 차이를 설명하시오.
4. 종교는 인류의 문화 속에서 어떻게 기능하는가?

한국 역사 속의 기독교

1. 한국 사회와 기독교

기독교는 일반적으로 한국인에게 외래 종교로 인식되어 왔다. 불교나 유교도 외래 종교임에도 불구하고 오랜 시절 민족의 역사와 함께 하면서 한국의 문화의 일부가 되었고, 전통종교로서 자리매김을 하였다. 비록 불교나 유교에 비해 짧은 기간이긴 하지만, 한국에 기독교가 전래되고 수용된 지 로마 가톨릭(천주교회)은 2세기, 개신교회는 1세기가 훨씬 지난 지금, 이제 기독교회를 더 이상 외래 종교라고 부를 수 없을 만큼 우리 사회에 뿌리를 내렸다. 한국의 기독교회를 이해하지 않고는 한국 사회를 총체적으로 이해하는 것은 불가능하게 되었다. 이제 좋든 싫든 기독교는 한국 사회의 한 구성요인이 된 것이다.

기독교는 조선에 전래된 이래로 복음전파라는 본연의 사명 이외에도 서양의 문물을 소개하고 조선의 근대화를 위해 노력하였다. 특별히 최초의 근대식 교육기관인 배재학당을 비롯한 많은 미션스쿨과 대학을 통하여 통해 이 땅의 많은 선각자들을 배출하였다. 민족의 암흑기인 식민시대에는 민족의 독립을 위해, 군부독재 시대에는 인권과 민주주의의 위해 투쟁하였으며, 아직까지도 극복되지 않고 있는 분단의 시대에 민족의 화해와 통일과 평화를 위해 노력하고 있다. 또한 한국의 기독교는 한국의 문화적 토양에 뿌리를 내리며 전통문화와의 창조적인 만남을 통해 새로운 종교문화를 형성하고 있다. 그 동안 한국 교회는 경제 성장과 발맞추어 비약적인 성장을 하였는데, 이제는 그 외적 성장에 걸맞은 영적인 성숙과 사회적 책임이 더 많이 요구되고 있다.

2. 천주교(로마 가톨릭)의 전래와 수난

기독교가 동양에 최초로 전래된 것은 경교(景教)라고 알려진 네스토리우스(Nestorius)파가 인도를 거쳐 당(唐)나라에 도착하면서이다. 한때 융성하던 경교가 박해를 받아 쇠퇴하고 약 400년 동안 자취를 감추다 원(元)나라 때에 '야리가온'(也里加溫)이란 이름으로 다시 부활하였다. 통일신라시대에 경교가, 고려시대에 '야리가온'이 한국에 전래되었을 가능성이 조심스럽게 추정되고 있으나 이

것을 입증할 만한 자료는 충분하지 않다.

천주교의 한국 전래는 16-17세기 천주교의 중국과 일본 전래가 그 전 역사로서 놓여 있다. 조선에 천주교인 첫 발을 내디딘 것은 임진왜란 때이다. 그러나 이때 온 일본인 신부는 일본 군인을 위한 종군 사제였기 때문에 조선인과의 직접적인 접촉은 없었다. 직접적인 접촉은 병자호란때 청(淸)나라에 볼모로 잡혀갔던 소현세자가 그곳의 선교사들을 만나면서였다. 그는 북경에 머무는 동안 독일인 예수회 신부인 아담 샬(J. Adam Shall von Bell)과 교유하여 그를 통해 천주교를 알게 되었다. 그러나 소현세자는 귀국한 후 70여일 만에 돌연 죽음으로써 그를 통해 조선을 선교하려는 선교사들의 노력은 수포로 돌아가고 말았다.

천주교의 수용은 18세기 사회적 모순을 해결하지 못한 채 공리공론만 일삼는 성리학적인 질서를 대치할 새로운 사상을 갈구하던 실학자들이 중국과의 교류를 통해 한역(漢譯)서학서를 접하고 천주교를 서학(西學)으로서 받아들임으로 시작되었다. 18세기 중엽부터 이익(李瀷), 홍대용(洪大容)과 같은 실학자들이 연구하였고, 이를 적극적으로 수용한 학자들로는 권철신(權哲身), 권일신(權日身), 정약종(丁若鍾), 정약전(丁若銓), 정약용(丁若鏞), 이가환(李家煥), 이벽(李檗), 이승훈(李承薰) 등이었다. 이들이 단순히 학문의 차원을 넘어 신앙의 실천으로 나아간 것은 1777년 겨울의 교리연구회의 모임을 통해서이다. 이들은 천주교에서 요구하는 몇 가지 신앙규율을 지키며 천진암(天眞菴), 주어사(走魚寺) 등지에서 강학회(講學會)를 열었다.

그러나 본격적으로 조선천주교가 창설된 것은 이승훈이 북경을 방문하여 프랑스 신부로부터 영세를 받고 귀국한 1784년이라고 할 수 있다. 이 벽은 이승훈을 통해 전달받은 천주교 서적을 통해 더욱 신앙을 확고하게 한 후 적극적으로 전도에 나섰다. 그를 통해 중인계층의 사람들이 많이 입교하게 되었다. 중인계층 역관출신들은 전통 유학에 사로잡힌 양반계층보다 새로운 사상과 종교에 더 개방적이었다. 1784년 9월경에 마침내 이승훈은 이벽과 권일신에게 세례를 베풀었다. 이들의 전교활동의 결과 자생적인 천주교 신앙공동체가 탄생하였다. 그러나 이것은 성사(聖事)를 집행할 수 있는 합법적인 교회조직은 아니었지만, 이들의 열정으로 인해 신자수가 급증하게 되었다.

그러나 천주교가 신앙으로서 유교사회였던 조선에 순탄하게 전파된 것은 아니었다. 특히 예수회를 해산하고 조상제사를 우상숭배로 규정한 교황의 결정에 따랐던 북경주교는 조선에서 이루어진고 있는 천주교인들의 조상제사를 금지하였다. 이것은 비신자들뿐만 아니라 신자들에게도 충격과 혼란을 주었다. 이를 계기로 유학자들은 천주교를 '무군무부'(無君無父)의 이단 종교로 낙인찍고 반천주교 운동을 전개하였다. 이에 따라 조선 천주교회는 안으로는 배교와 밖으로는 박해라는 위기에 처하게 되었다. 이러한 상황 속에서도 중국인 주문모(周文模) 신부가 입국하여 선교함으로 교세는 꾸준히 확장되어갔다.

천주교가 당한 박해사건은 성리학적인 입장에서 사교로 정죄된 이유도 있지만 조선 후기 정파적 분쟁에 따른 정치적인 변동과 무관하지 않다. 1801년 일어난 신유박해는 노론, 남인 벽파에 의한 남인 시파에 대한 보복적인 성격이 강하였다. 신유박해 때 위기에 처한 황사영(黃嗣永)은 제천 베론에 은신하여 박해내용과 천주교선교를 위해 서양함대를 동원하여 조선정부를 위협하라는 내용을 비단에 적은, 백서(帛書)를 보내려다 발각되었다. 이로써 천주교도는 대역무도한 사악한 무리로 몰려, 이로부터 천주교회는 1866년 병인박해에 이르기까지 대대적인 박해를 받게 되었다. 1886년 한불조약이 체결되어 비로소 사실상의 신앙의 자유를 얻게 되었다.

3. 초기 개신교 선교활동과 수용의 성격

한국의 개신교 역시 19세기 구미제국의 동양진출과 함께 이루어졌다. 개신교 선교사들은 문호개방과 함께 먼저 중국과 일본을 주 선교지로 삼고 활동하다가 조선선교의 필요성을 느끼며 그 준비를 하였다. 개신교 선교사로서 가장 먼저 한국을 방문한 사람은 독일인 귀츨라프(Gützlaff)이다. 그러나 그는 충청도의 한 해안에 머물다 입국이 허용되지 않아 중국으로 되돌아갔다. 중국에 파송된 선교사로서 한국 선교에 관심을 갖고 지원한 사람은 스코틀랜드인 알렉산더 윌리암슨(Alexander Williamson)이다. 제너럴 셔먼(General Sherman)

호를 타고 대동강 입구까지 왔다가 처형된 토마스(Robert J. Thomas) 목사도 그의 소개로 온 것이었다. 윌리암슨의 만주선교와 만주를 통한 한국 선교의 관심은 스코틀랜드인 선교사 매킨타이어(John MacIntyre)와 존 로스(John Ross)에 의해 열매를 맺게 되었다.

로스는 이응찬의 도움으로 한글 성서번역을 시작하였고, 1879년에 매킨타이어는 백홍준, 이응찬을 비롯한 4명에게 세례를 베풀었다. 이들은 청과의 무역을 통하여 성장한 중인계층의 진취적이고 개방적인 서북청년들이었다. 이들에 의해 한국 최초의 자생적인 신앙공동체가 형성되었다. 이들은 재래종교인 불교나 유교에 대해 무력감을 느끼며 새로운 사상과 질서를 갈구하던 사람들이었다. 이들의 도움으로 로스는 1882년 한국개신교 최초의 한글 성서인 《예수셩교누가복음젼서》가, 1887년에는 단편적인 번역이 집대성되어 신약성서 전체의 번역인 《예수셩교젼서》가 발행되었다.

마찬가지로 일본에서도 성서의 번역이 이루어졌다. 온건개화파로 수신사 박영효의 비공식 수행원으로 일본에 갔다가 기독교를 접하고 세례를 받았던 이수정(李樹廷)이 그 주역이다. 그는 재일 미국성서공회의 총무인 루미스(H. Loomis)의 권유를 받고 성서번역에 착수하였다. 그는 처음에 한문성서에 당시 한국 지식층에서 널리 사용되던 토를 다는 방식으로 진행하였다. 그후 한글성서의 필요성을 절감하여 마가복음을 번역하기 시작하여 1884년에 완역하였다. 출판은 1885년 2월에 요코하마에서 이루어졌다. 이것은 한국선교사로 임명된 아펜젤러와 언더우드가 일본에 도착하는 것과 때를 맞추기 위함이었다. 그들은 이 마가복음 한글판을 들고 1885년 4월 5일 제물포에 상륙할 수 있게 되었다. 입국하기 이전에 이미 선교사들의 손에 한글 성경이 쥐어져 있었다는 사실은 기독교 선교 역사에 있어 특이한 점이다.

한국정부가 선교사들에게 허용한 것은 교육과 의료사업이었다. 이것은 아펜젤러와 언더우드가 한국에 도착하기 전 일본에 있던 미감리교 선교사 매클레이(R. S. Maclay) 목사가 김옥균을 통해 한국을 방문하여 고종에게 허락받은 내용이기도 하였다. 이미 중국에 있던 알렌(H. N. Allen)은 의료선교사로 임명되어 1884년 9월에 입국해 있었다. 그는 정주(定住) 선교사로서는 최초의 인물이다.

선교사들은 한국인의 서양에 대한 편견과 기독교에 대한 배척을 고려하여 직접적으로 선교하는 대신에 교육과 의료사업을 통해 기독교 정신을 전파되었다. 이와 같은 간접선교를 통해 위정척사파들이 기독교를 두고 '무군무부'(無君無父)의 종교, '외세 대변자' 라는 비난을 불식시키는 데 큰 도움이 되었다. 알렌은 갑신정변 때 중상을 입은 민영익(閔泳翊)을 치료함으로 고종과 민비 및 정부측 인사들의 신임을 얻게 되었다. 이런 연유로 그는 최초의 근대병원인 광혜원(廣惠院)-후에 제중원(濟衆院)이라 개칭됨-을 세웠다. 이곳은 초기 한국 선교사들이 합법적으로 활동할 수 있는 공간이었다. 정부가 운영하던 이곳과는 달리 감리교의 스크랜튼은 민간병원으로 시병원(施病院)을 세워 운영하였다.

아펜젤러나 언더우드는 목사였지만 한국 정부에 대한 공식입장은 교사였다. 둘은 이미 1885년 말부터 2, 3명의 학생들에게 영어를 가르치기 시작하였다. 본격적인 학교설립은 아펜젤러에 의해 추진되었는 데, 고종의 허가를 받아 1886년 6월 8일에 문을 연 배재학당(培材學堂)이 바로 그것이다. 이는 한국 근대교육의 효시가 되었고, 많은 근대적인 선각자를 배출하였다. 이후 이화학당, 경신학당 등 많은 미션스쿨이 창립되어 근대교육을 실시하였다.

의료와 교육을 통해 기독교에 대한 선입견을 불식시킨 것은 사실이었지만, 식자계층과 지도층은 전체적으로 보아 부정적이었다. 그들은 기독교를 자신들의 체제를 유지하는 성리학적인 질서를 흔드는 이단사설(異端邪說)로 배척하였다. 조선의 지배층은 기독교가 가져온 서구의 과학문물은 기(器)로서 수용하였지만, 일부 사람들을 제외하고는 기독교 신앙을 도(道)로서 받아들이지는 않았다. 다른 한편 조선이 폐쇄적이고 배타적인 이데올로기가 지배하는 유교 사회이긴 했지만, 불교나 도교(道敎) 그리고 무교가 사라진 것은 아니었고 민중들 사이에 광범위하게 신봉되고 있었다.

이러한 종교 문화적인 상황에서 서양 선교사들과 그의 영향을 받은 한국인 가운데는 한국 종교와 문화를 저급하고 미신적인 것으로 여기며 일방적으로 우상타파의 차원에서 접근하는 사람들이 많았다. 이것은 그들의 보수적인 신앙 때문이기도 하였지만, 한국 종교나 문화에 대한 무지의 소치이기도 했다. 그러나 한국인들 가운데는 이들 전통 한국 종교와의 진지한 대화를 통해 기독교의 우위성을 증거하는 종교변증론(宗教辨證論)의 입장을 취한 사람도 있었다. 이들 가운데 대표적인 사람이 탁사(濯斯) 최병헌(崔炳憲, 1858-1927)이다.

그는 전통 유학자 출신의 초대 감리교 목사로, 기독교의 입장에서 세계종교를 논한 최초의 한국인 신학자이다. 그의 종교 변증론적인 입장은 1922년에 단행본으로 나온 《만종일련(萬宗一臠)》에서 그 완결을 보았다. 그는 동양종교인 유(儒), 불(佛), 선(仙)뿐만 아니라 힌두교, 유대교, 이슬람교, 라마교까지 다른 종교에 대한 배타적이거나 독선적인 태도를 취하지 않고 "모든 종교(萬宗)가 하나로 성취된 바(一臠)가 그리스도 복음이며 기독교"라는 성취론(成就論)적인 입장을 견지하였다. 이같은 그의 입장은 이미 기존의 동양종교들이 자리 잡고 있는 한국의 종교문화 풍토 속에서 새로운 종교로 인식된 기독교의 존재이유를 설명하려는 기독교 지식인의 의식을 대변하였다. 동양종교의 문화에 익숙해있던 한국인들에게 종교, 문화적인 충격을 주지 않으면서 기독교를 이해시키려는 이러한 태도는, 전통종교를 무조건 무시하고 매도하던 선교사들과 그들을 맹목적으로 추종하던 한국인 신자들의 입장과는 구별된다.

4. 교회의 발전과 일제 치하의 기독교 민족운동

한국 교회는 선교사들과 초기 개척자들에 의해 민중들 속에 자리

잡아가기 시작하였다. 한국교회의 비약적인 기폭제가 된 것은 1907년 평양에서 시작된 대부흥운동이다. 성령의 임재에 대한 확신과 거듭남의 체험을 통하여 한국교회는 신앙이 정화되었을 뿐만 아니라 암울한 시대에 용기와 소망을 얻게 되었다. 이 운동을 계기로 한국교회는 보다 도덕적으로 고양되었으며, 성경공부와 기도에 열심을 갖게 되었고 많은 신자를 얻게 되었다. 다른 한편 이러한 운동이 수반하는 비정치화는 보다 민족의 현실에 구체적으로 참여하였던 1890년대의 입장에서 후퇴한 것이기도 하다. 1905년 을사보호조약체결 후 많은 선교사들은 본국의 친일적인 입장을 고려하고 일본의 탄압에 한국교인을 보호한다는 명분 하에 점점 몰역사적인 사고와 행동을 한 것은 부인할 수 없다.

그러나 모든 한국교회가 일제의 침략에 순응한 것만은 아니다. 기독교 학교를 통하여 기독교 정신과 근대적인 시민의식을 배운 기독교인들은 일찍이 독립협회(獨立協會)와 만민공동회(萬民共同會)의 활동에서 보여주듯이 민족의 독립과 민주적 근대국가의 수립을 위해 노력하였다. 한국 기독교가 민족운동과 쉽게 결합할 수 있었던 요인 중의 하나는 대부분의 아시아, 아프리카 식민지가 서구 기독교 국가의 지배하에 놓였음으로 기독교를 제국주의의 앞잡이라고 거부한 데 반해, 한국은 비기독교 국가인 일제의 식민지였다는 점에서 민족주의자들과 함께 일제에 대해 저항할 수 있었다는 점이다. 한국의 기독교가 민족의 독립에 얼마나 중요한 역할을 하였는가를 우리는 1907년에 결성된 신민회(新民會)의 활동에서 확인할 수 있다. 상동청년학원생들과 기독교 청년들이 주축이 되어 비밀리에 결성한 신민회는 외적으로는 외세를 물리친 후 명실상부한 자주독립국가를 수립하고, 내적으로는 중세적 봉건왕조를 청산하고 근대적인 공화정(共和政)을 설립하려고 하였다. 이 운동이 실패로 끝나 수난을 당했음에도 불구하고, 한국 기독교회는 독립을 위한 노력을 중단하지 않았다.

3. 1 운동은 기독교가 다른 민족운동 세력들과 함께 하여 벌인 대표적인 독립운동이다. 이 운동에서 기독교는 여타 어느 종교보다 큰 역할을 감당하였다. 잘 알려진 대로 독립선언서에 서명한 민족대표 33인의 종교별 구성에서 기독교가 16명으로 가장 많았다. 그뿐 아니라 당시 교회는 전국적인 조직을 잘 활용하여 독립선언식과 시위를 전국적으로 확산시키는 데 결정적인 기여를 하였다. 일제의 3.1운동에 대한 탄압과 학살에서 가장 피해를 본 것도 기독교인과 교회였다. 그 대표적인 사건이 수원 제암리 교회 방화, 학살 사건이다. 이 사건은 일본군이 마을의 기독교 신자 30여명을 교회에 불러 모은 다음 교회문을 폐쇄하고 불을 지르고 사격을 가해 29명을 학살한 사건이다.

3. 1운동에 놀란 일제는 무난통치(武斷統治) 대신에 문화정치를 표방하였다. 문화정치는 민족의식을 말살하기 위한 고도의 위장정책이었으나 외형적으로 어느 정도의 표현의 자유를 주었다. 1931년 만주사변이 일어나고 다시 일제가 강압적인 통치를 펼치기까지 10여년 동안은 그래도 기독교회는 다른 사회, 문화, 예술 단체와 마찬

가지로 활발한 문서활동을 벌일 수 있었다. 이때에 많은 출판사가 생기고 기독교 신문들과 잡지와 학술서가 간행되었다. 이것이 가능했던 것은 외적인 상황의 변화에도 원인이 있지만 1920년 이후 해외 유학을 마치고 귀국한 질적으로 향상된 신학자와 목회자가 있었기 때문에 가능한 일이었다. 이들 한국인 필자들은 다양한 서구 신학과 문화를 소개하였을 뿐만 아니라 한국 문화 풍토 속에 한국적인 기독교 문화를 창출하기 위해 노력하였다.

3.1 운동 당시의 민중적인 독립의 열기는 사라지고 많은 지도층 인사들이 체제 속의 변화를 꾀하는 개량주의로 돌아서긴 했지만, 독립운동에 대한 의지가 완전히 꺾인 것은 아니었다. 우리 나라 최초로 '사회·민족주의'를 탄생시킨 범민족 단체로 평가되는 신간회(新幹會)에 비록 개인 자격이긴 하지만 기독교 인사들이 참여한 것은 기독교 민족운동의 측면으로 이해하여야 한다. 회장이었던 이상재(李商在)와 미국 유학을 마치고 돌아 온 조병옥(趙炳玉)을 비롯하여 간사 3명이 감리교 목사였고 YMCA와 직간접으로 관련을 맺고 있던 기독교인사들이 다수 참여하였다. 그러나 유감스럽게도 신간회를 통한 민족주의 세력의 결집을 우려한 사회주의 계열의 인사들의 태도 변화로 신간회는 창설된 지 4년 3개월 만인 1931년 5월에 해체되었다. 사회주의자들이 기독교에 대한 비판을 강화할 즈음, 한편으로 한국 기독교회는 김익두(金益斗), 길선주(吉善宙), 이용도(李龍道)와 같은 부흥운동이나 신비주의 운동이 왕성했던 반면, 다른 한편으로 계몽주의적이며 개량적인 사회참여 운동도 활발하게 전개하였

다.

1930년대 중반 이후 한국교회는 1945년 해방에 이르기까지 일제의 군사적 파쇼체제와 침략전쟁, 그리고 민족말살정책으로 극심한 박해와 탄압을 받았다. 특별히 그들이 강요하였던 신사참배(神社參拜)는 한국교회를 탄압하는 결정적인 단서가 되었다. 한국 교회는 초기에 강력하게 저항을 하였으나, 일제의 강압적인 요구에 대부분 굴복하게 되었다. 이와 함께 일제는 한국의 기독교를 세계교회로부터 고립시키고, 변질을 강요하였다. 일제가 기독교에 대해 대대적인 탄압을 가한 것은 첫째로 일본의 국가 이데올로기인 천황제(天皇制)와 신도(神道)와 기독교 신앙과는 양립할 수 없고, 둘째로 한국의 기독교가 민족운동 내지는 독립운동과 밀접한 관계에 있기 때문이었다. 여기에다 1930년 대 이후 악화된 영국과 미국과 관계로 인해 이들 국가에서 파송된 선교사들과 한국교회의 연계를 차단해야 한다고 판단했기 때문이다. 국내 민족운동의 마지막 보루였던 기독교회도 일제의 집요한 탄압과 분열과 회유공작에 못이겨, 1937년 중일전쟁 이후로는 변절의 암흑시대를 겪게 되었다.

5. 해방 이후의 한국 기독교와 미래의 과제

해방은 한국 기독교에게 훼절에 대한 철저한 반성과 회개와 새 출발을 요구하였지만 한국교회는 오히려 상호 정죄와 변명과 분열의 길을 가게 되었다. 해방 후 새로운 통일된 민족국가를 건설해야 하는 시대적 사명을 망각하고 교회는 자체 분열에 급급하던 중, 6.25 전쟁을 맞게 되었다. 동족상잔의 비극으로 우리 민족과 교회는 말할 수 없는 고통과 절망에 사로 잡혔으나, 신앙과 기도의 힘으로 견뎌나갔다. 6.25 전쟁이 휴전으로 끝난 후, 한반도는 남북간의 냉전체제가 고착되고, 군비경쟁과 체제 경쟁에 돌입하게 되었다. 이승만 정권이 4. 19 학생혁명으로 붕괴된 후 남한에는 박정희 군사 정부의 개발독재가 근대화란 명목으로 절대화되었고, 북한에는 김일성 체제가 주체사상과 우상화 정책으로 공고화되어 갔다.

1970, 80년대 산업화 과정에서 소외되고 수탈되어온 민중들의 인권과 권익을 대변하기 위한 노력이 한국 교회의 일각에서 일어났다. 산업선교, 민중신학과 민중교회의 등장은 당시의 현실에 대한 성실한 신앙적 신학적 응답이었다. 이러한 민주화 운동이 줄기차게 전개될 때, 다른 한편에서는 부흥회와 대중 집회 운동으로 한국교회가 양적으로 급성장하기도 하였다. 이제 한국 교회는 양적인 성장을 넘어 질적인 성장과 변화를 추구하고, 소위 진보와 보수의 대립 대신에 공동의 과제 앞에 협력할 때라고 본다.

무엇보다 한국의 기독교가 한국의 다(多) 종교, 다 문화적인 상황에서 한국인의 심성 속에 깊이 뿌리 내리는 일은 시급한 일이다. 우리가 자란 토양인 한국의 종교 문화는 배척하거나 정죄할 대상이기보다는 우리가 끌어안고 보듬어야할 대상이다. 이러한 인식은 서구 기독교의 문화적 제국주의에 무조건 순응하는 태도에서 벗어나 우리 문화 속에 주체적이고 창조적인 기독교 신앙과 문화를 세우는 시발점이다. 기독교 복음은 보편적이지만 이 복음이 맺는 역사적, 문화적인 열매는 다양하며 그 각각은 하나님의 은총의 선물이기 때문이다.

무엇보다 중요한 것은 종교가 현실을 떠나 추상적이고 관념적인 세계에 머문다면 일종의 환각제가 될 수 있듯이, 종교 간의 만남 역시 철저한 자기비판과 구체적인 실천 속에서 이루어지지 않으면 공허한 것이 되기 쉽다는 점이다. 이데올로기적인 냉전 체제가 종식되고 세계화와 신자유주의가 심화되어 가는 상황 속에서 우리가 당면한 가난과 억압의 문제, 생태계의 파괴와 환경문제, 민족의 통일과 평화문제 등과 같은 구체적인 사회적인 모순을 해결하는 데 모든 종교들이 협력하는 것은 거역할 수 없는 시대적인 요청이다. 모든 종교들이 비록 전통과 교리가 다르다고 하더라도 공의와 사랑과 평화를 자신들의 윤리적인 핵심으로 삼고 있기 때문에, 종교가 평화를 깨는 분쟁의 원인이 된다면 스스로를 배반하는 행위가 될 것이다.

□ 함께 생각해 보기

1. 한국에 기독교(천주교, 개신교)가 전래될 당시의 시대적 상황은 어떠했는가?

2. 한국 기독교 수용의 특징은 무엇인가?

3. 한국 기독교가 한국의 근대사에 끼친 영향은 무엇인가?

4. 한국 기독교의 역사적 과제는 무엇인가?

제 Ⅱ 부

성서와 기독교 신앙의 기초

성서는 어떤 책인가?

1. 고전과 성서

성서는 세계에서 가장 많은 언어로 번역된 책이며 최고의 베스트셀러이다. 그리고 성서는 무수한 사람들에게 정신적인 영향력을 끼치고 문학적 상상력을 자극하여 서구문화 형성에 지대한 영향을 끼친 책이다. 그러나 성서가 우리에게 중요한 것은 단지 이러한 이유 때문이 아니다. 성서에는 이 세상의 어떤 책에서도 들을 수 없는 인간을 향한 '하나님의 말씀'이 있고, 예수 그리스도 안에서 일어난 인류구원의 사건이 기록되어 있기 때문이다. 이점에서 성서는 다른 고전과 구별이 된다.

우리는 하나님의 말씀인 성서를 읽음으로써 하나님이 어떠한 분이시며, 그 분의 뜻이 무엇인지 알게 된다. 또한 역으로 하나님의 말씀을 읽음으로써 우리 자신이 누구인지 알게 된다. 하나님의 말씀은 인간을 허위와 스스로 만든 안정감과 거짓 믿음으로부터 불러내어 하나님을 만나게 하며, 이러한 만남으로 인간은 자신이 깨지는 충격을 경험함으로 본래적인 자신을 발견하게 된다.

성서가 하나님의 말씀이라고 해서 하나님의 손에 의해 직접 쓰인 책으로 오해하는 경우가 있다. 그러나 성서는 하나님이 직접 쓰신 책도, 하나님이 직접 불러 주신 것을 마치 필경사가 받아쓰듯이 한 자 한자 받아쓴 책이 아니다. 그렇다고 인간이 상상력으로 지어낸 허구적인 산물도 아니다. 성서는 살아 계신 하나님과 그의 역사(役事)를 체험하였던 사람들의 고백이자 해석이며, 하나님과의 만남의 기록이며, 물론 인간의 언어인 히브리어(구약)와 그리스어(신약)로 기록된 책이다.

2. 성서는 단순한 역사책도 과학책도 아니다.

성서는 그 배경에 역사적인 사실을 깔고 있지만, 단순한 사실(事實)의 수집은 아니며, 오늘날의 과학자들이 관찰하고 실험하여 보고서를 쓰듯이 쓴 책은 더더욱 아니다. 성서는 신앙의 공동체와 그에 속한 저자들이 체험한 '하나님 사건'을 자신들의 역사적 한계 속에서 해석한 일종의 '해석된 역사'이다. 또한 성서는 '하나님의 사건'을 체험한 인간이 제한된 언어로써 형상화한 다양한 형식의 문학이기도 하다. 문학의 언어가 그렇듯이 '말할 수 없는 하나님의 신비'를 인간의 언어로 담고 있는 성서는 때로는 은유적 상징적인 성격을 띠게 된다. 이런 문학의 형식적인 측면에서 성서는 일반 고전과 크게 다를 바가 없다.

성서는 다양한 문학적인 형식을 빌려 그 내용이 표현된다. 이야기, 시(詩), 비유, 알레고리, 드라마, 역사, 편지, 잠언, 예언, 묵시문학 등 구약과 신약에 다양한 장르가 등장한다. 이러한 형식은 내용과 밀접한 관계가 있다. 체험을 전달하는 방식으로 어떤 장르를 택할 것인지는 그 내용과 의도에 따라 달라진다. 가령 시는 하나님과 깊은 내면적인 세계, 영혼의 고통과 기쁨을 표현하는 가장 효과적인 장르이다. 역사나 서사적인 형식은 하나님이 사건을 통해 개인이나 집단에 역사(役事)하신 하나님의 행위를 표현하는 데 효과적이다. 비유와 알레고리는 현실세계에서 직접 대응될 수 없는 내용과 진리를 비슷한 상징으로 표현하고 묵시문학은 현실적 억압 때문에 직접 표현할 수 없는 것, 혹은 미래적인 사건을 표현하는 상징문학이다. 하나님은 인간이 이해할 수 없는 천상의 언어로 말씀하시기보다는 인간이 이해할 수 있는 언어와 형식으로 말씀하시기를 좋아하셨다.

성서는 처음부터 문자로 기록된 것이 아니다. 먼저 역사적 사건들(이를테면 구약의 출애굽사건과 신약의 예수의 십자가와 부활 사건)이 있고, 그 다음에 그 사건을 통해 하나님을 체험하고 그 체험한 것을 입으로 전하는 구전(口傳)의 단계가 있었다. 그다음에 그 구전을 기록하는 단계가 등장한다. 그 기록도 처음부터 오늘날의 완성된 성서의 형태로 이루어 진 것이 아니다. 다양한 단편(斷片)의 형태로 전해 내려오다, 이것들이 수집되고 저자 내지는 공동체의 신학학적인 의도에 따라 최종 편집되어 오늘날의 형태로 된 것이다. 그러니까 지금 우리 앞에 있는 한 권의 성서 속에는 수천 년의 역사와 다양한 하나님의 사건 체험과 그 해석이 녹아 있는 것이라고 할 수 있다.

이쯤에서 우리는 다음과 같은 질문을 던질 수 있다: "그렇다면, 성서는 이러한 전승과 기록의 과정에서 인간의 고의적인 조작의 가능성은 없는가?" 하지만 성서는 단순히 인간이 자의적으로 지어낸 허구적인 산물이 아니라는 점이다. 성서의 저자들은 역사적 사건을 통해 자신을 사로잡은 원초적인 하나님 체험을 고백하고 해석한 것이다. 성서의 저자들은 예언자들처럼 자신의 글이 "하나님의 영의 감동"(딤후3:16)으로 쓰인 것으로 확신하였다. 이것은 비단 저자뿐만이 아니라, 그것을 읽은 신앙공동체에 의해 그렇게 받아들여졌다.

3. '거룩한' 구원의 드라마로서의 성서

성서(聖書)는 말 그대로 '거룩한' 책이다. 거룩한 이유는 이 책에는 거룩한 하나님의 이야기가 담겨있고, 우리 인간의 구원에 관한 내용이 담겨있기 때문이다. 보통 거룩한 것은 속(俗)된 것과 구별된 그 무엇을 의미한다. 하지만 성서를 자세히 읽게 되면 속되다고 느끼는 부분, 그래서 성서의 거룩함을 위하여, 신앙의 위인들의 품격을 위하여 오히려 삭제하거나 은폐하는 것이 나을 것이라고 생각되는 이야기가 등장한다. 왜 성서는 이러한 이야기를 그대로 기록했을까?

궁극적으로 뜻하는 바가 거룩할지언정, 성서에 담겨있는 내용 모두가 거룩하지도 도덕적이지도 않다는 사실이 처음 성서를 읽는 사람들을 당혹스럽게 하기도 한다. 어떤 역사이든, 신화든지 간에 자신들의 민족이나 조상들에 대해서 기술할 때는 약점이나 허물은 되도록 은폐하고 그들의 위대함이나 비범함을 과장하는 것이 보통이다. 그러나 성서는 자신들의 조상들의 허물을 그대로 드러내고 있다.

성서의 기자들이 이렇듯 적나라하게 자신들의 조상의 약점이나 허물을 폭로할 수 있는 담대함과 용기와 진실은 어디에서 나오는 것일까? 성서에 나오는 인간의 이야기는 단순히 인간 자신들의 이야기가 아니라 하나님 앞에선 인간, 하나님과 관계된 인간의 이야기이다. 성서 속에 나오는 속된 이야기 속에는 실세로 거룩하지 못한 인간들 속에서 역사(役事)하시는 하나님의 거룩함이 드러나 있다. 이를테면 야곱의 이야기가 말하는 바의 중심은 야곱의 인생역정 자체라기보다는 그토록 허물 많은 인간의 배후에서 역사 하시어 그를 하나님의 사람으로 키우고 구원을 이루시는 하나님 자신이다. 성서의 기자가 자신들의 조상의 허물을 드러내기에 주저하지 않은 이유는 바로 이러한 하나님이 자신들의 역사의 주인이라는 굳건한 신앙 때문이다.

위대한 것은 자신의 조상이나 민족이 아니라 하나님 그 분이라는 고백, 더 나아가 인간의 허물과 죄악 속에서도 하나님은 구원의 역사를 이루어 가신다는 고백, 이것이 구약성서의 증언이다. 신약성서도 이에서 예외는 아니다. 복음서에 나타나는 제자들의 모습, 서신들에 나타나는 초대교인들의 모습도 마찬가지 이다.

하나님은 연약하고 한계를 지닌 인간을 통하여 거룩한 구원의 역사를 이루어 가신다. 성서의 거룩함은 마치 진흙탕과 같은 인간사 가운데 피는 연꽃과 같은 거룩함이다. 속된 인간을 통하여 자신의 구원을 이루어 가시는 하나님과 그 분의 거룩함이 성서를 거룩하게 하는 것이다. 이런 점에서 성서는 평범한 사람들이 범접할 수 없는 거룩하고 신비한 책이라기보다는 속(俗)된 우리들이 친근하게 접근할 수 있는, 동시에 거룩한 하나님의 구원의 길이 담겨 있는 책이라고 할 수 있다.

4. 살아 있는 하나님의 말씀으로서의 성서

하나님의 말씀으로서의 성서가 시대적 역사적 제약을 갖는 것이라면, 지금 여기에 있는 나에게 혹은 공동체에게 어떤 의미가 있는가? 하나님의 말씀이 단순히 과거의 역사적 사실이며 더 이상 지금

나에게, 공동체에게 말하지 않는다면 성서는 하나의 역사서 내지는 문학서에 불과할 것이다. 이럴 경우 우리는 성서를 하나님의 말씀, 구원의 책이라고 부를 수 없을 것이다. '그때' '그곳'에서 말씀하시고 '그 사람들'과 만나셨던 하나님이 어떻게 '지금' '이곳'에서 '나에게, 공동체에게' 말씀하시고 만나주시는가, 그래서 성서의 하나님이 '아브라함과 이삭과 야곱'의 하나님 일뿐 아니라 '나의 하나님, 우리 공동체의 하나님'이 될 수 있는가, 하는 점이다.

기독교회는 성서가 '성령의 감동으로 기록된 말씀으로 구원에 이르는 도리와 신앙과 실천의 충분하고도 유일한 표준'이 됨을 믿는다. 그러나 기독교 신앙과 실천의 '충분하고도 유일한 표준'인 성서가 오늘날 우리에게 구체적으로 살아 있는 말씀이 되기 위해서는 재해석이 필요하다. 재해석이란 너무나 먼 '그때 그곳'의 이야기를 '지금 이곳'의 이야기로 옮겨놓는 작업이다. 이러한 작업이 없을 때 성서의 이야기는 우리와는 관계없는 먼 이야기 혹은 시대착오적인 이야기로 치부될 수 있다. 성서를 재해석하는 작업은 마치 호두의 껍데기를 벗기고 그 알맹이를 발라내는 작업과 같다. 껍데기란 이를테면 유대 부족주의적인 혹은 가부장적인 역사, 문화, 제도, 관습 등과 같은 것이고, 알맹이란 하나님의 창조와 사랑과 구속의 역사, 그리스도의 십자가와 부활, 구원과 하나님의 나라 등이다. 루터 역시 성경은 아기 예수를 담고 있는 구유이지, 예수 그리스도 자체는 아니라고 하였다. 우리가 이 둘 사이를 구별하지 못할 때, 의도와 상관없이 복음의 본질에서 멀어질 수 있다.

또한 성서가 오늘날 우리에게 의미 있게 하기 위해서는 단순한 해석에 머물러서는 안 된다. 삶의 치열한 현장에서 실천을 통해 끊임없이 검증되어야 한다. 성서의 해석이 진정한 자유와 정의와 해방과 평화와 생명의 보전을 가져오지 못하고 오히려 불의를 옹호하고 억압하고 생명을 죽이는 폭력과 지배 이데올로기로 작용한다면 참된 하나님의 말씀의 해석이라고 볼 수 없다. 왜냐하면 하나님의 말씀은 세상을 치유하고 변화시킬 수 있는 능력을 지니고 있기 때문이다.

5. 성서는 어떻게 형성되었나?

신약성서를 읽다보면 성서(성경)에 대한 언급이 많이 나오는 것을 볼 수 있다. 예수님도 "성경"(마21:42, 막14:49, 요5:39) 혹은 "모세의 율법과 선지자의 글과 시편"(눅24:44)이라고 불렀고, 바울도 "성경"(롬1:2, 딤후3:15)이라고 언급하였다.

그렇다면 예수님이나 사도 바울이 말하는 "성경"은 무엇을 가리키는 것일까? 우리가 지금 가지고 있는 구약과 신약을 말하는가? 여기에서 "성경'은 예수님의 또 다른 언급인 "모세의 율법과 선지자의 글과 시편"이란 표현에서 나타나듯이 구약 성경을 말한다. 예수님뿐만이 아니라, 유대교에서 분리되기 이전의 원시 기독교인들에게 조차 성경은 오직 구약을 의미했다. 우리가 조심할 것은 옛 약속을 뜻하는 구약(舊約, Old Testament)이라는 명칭은 순전히 우리 기독교인들에게 의해서 붙여진 이름이라는 사실이다. 예수 그리스도에 의해 새롭게 수립된 약속, 즉 신약(新約, New Testament)을 믿는 기독교인들의 입장에서 볼 때, 구약이지 여전히 메시아를 기다리고 있는 유대인의 입장에서는 폐기되지 않은 하나님의 약속이다. 그래서 학자들은 보다 중립적인 입장에서 구약이라는 말보다는 히브리 성서란 표현을 선호한다.

히브리 성서가 유대교와 기독교가 공유하는 경전이라면, 신약성서는 기독교만이 고유한 경전이다. 신약성서는 예수의 부활사건과 성령강림 사건의 산물이다. '하나님의 나라'를 위해 애쓰시다, 로마 제국과 이에 결탁한 유대의 지배자들과 종교지도자들에 의해 비참하게 십자가에 달렸던 예수, 그를 하나님이 다시 살리셨고, 그를 온 세상의 구원자와 심판자로 세우셨다는 새로운 깨달음과 고백 속에 그리스도교 신앙이 탄생하였다. 성령강림은 부활하신 그리스도가 믿는 자 가운데 영으로 현존하고 계심을 확증하는 사건이었다. 이것은 '선포하는 자'였던 나사렛 예수가 이제 '선포되어지는 자'인 신앙의 그리스도가 되었음을 의미한다. 이러한 고백과 증언의 글들이 유대교의 히브리 성서와는 다른 또 하나의 성서, 즉 신약성서가 되었다.

예수 믿는 사람들을 핍박하였던 사울은 부활하신 그리스도를 체험한 이후 가상 열렬한 복음의 사도 바울이 되었다. 처음으로 쓰인 신약성서는 바울이 쓴 편지들이다. 이것들은 대략 주후 50년대 초에서 60년 대 초에 걸쳐 기록되었다. 물론 사도 바울은 자신의 글이 오늘날과 같은 성경이 되리라고 생각하고 쓴 것은 아니었다. 하지만 성령의 감동으로 쓰인 그의 편지들은 일찍부터 신앙공동체에 의해 거룩하고 영감 넘치는 책으로 널리 읽혀지기 시작하였다. 복음서는 이 보다 나중에 기록되었다. 바울의 편지들에는 예수의 부활과 영광의 빛 속에 예수의 지상에서의 삶이 가려져 있다. 이러한 바울 서신들의 부족한 점을 보완하는 것이 복음서다.

사람들은 점차로 예수의 지상의 삶에 관심을 가지게 되었다. 그래서 복음서 저자들은 예수에 대한 구전 전승과 말씀 단편들을 모아 예수의 삶을 재구성하게 되었다. 최초의 복음서로 여겨지는 마가복음은 로마 군단에 의해 예루살렘 성전이 파괴된 주후 70년경에 쓰여졌다. 복음서라는 문학양식은 전기(傳記)와 유사한 형식을 띠고 있기는 하지만, 그렇다고 단순히 역사적인 사실을 보도하는 전기는 아니다. 복음서 역시 부활의 빛에서 바라본 지상에서의 예수의 삶을 말하고 있다. 따라서 복음서에는 부활 이후의 그리스도 신앙과 부활 이전의 역사적인 예수의 삶이 함께 어우러져 있어 이 양자를 선명하게 분리하기가 매우 어렵다.

또한 복음서는 예수의 다양한 삶의 모습을 보도하기 위한 것이 아니라, 요한복음의 저자가 말하는 바와 같이 "오직 이것을 기록함은 너희로 예수께서 하나님의 아들 그리스도이심을 믿게 하려 함이요, 또 너희로 믿고 그 이름을 힘입어 생명을 얻게"(요20:31) 하려는 구원론적인 목적 하에 기록된 것이기 때문에 복음서를 통해 역사적인 예수의 삶을 온전히 복원해 내는 것도 거의 불가능해 보인다. 특히 공생애 이전의 예수의 삶의 경우가 그렇다. 수많은 작가들의 상상력에 의해, 혹은 정경으로서의 가치와 역사적 진정성이 없는 후대의 영지주의적인 위경(僞經)에 근거하여 예수의 출생과 유년시절을 복원하려는 시도가 있었지만, 일종의 가십거리에 불과하다.

6. 정경(正經)의 확정

정경(canon)은 갈대를 의미하는 히브리어 "카네"(qaneh)를 헬라어 "카논"(κανών)으로 번역하여 사용함으로 유래된 용어다. 카논은 "곧은 막대기", "법칙", "규범" 등의 의미를 지니고 있다. 따라서 정경은 믿음과 실천에 충분하고도 유일한 표준이 됨을 뜻한다. 히브리 성서 중 오경은 주전 12세기부터 바벨론 포로기에 걸쳐 기록되었다. 여기에는 물론 초기의 구전전승이 상당부분 포함되어있다. 이것들이 기원전 5세기 경 이스라엘 민족이 바빌로니아 포로 생활에서 풀려난 후 에스라의 주도하에 최종적으로 편집이 완료되어 경전으로 확정된 것으로 추정된다.

예언서는 일반적으로 주전 8세기부터 페르시아 시대에 걸쳐 기록되었으며, 시몬이 대제사장으로 있을 때인 주전 3세기경에 경전으로 인정된 것으로 보인다. 성문서는 시편과 예언서와 같이 일찍부터 경전으로 여겨진 것도 있지만, 기원후 90년 얌니아(Jamnia)회의에서 오경과 예언서와 같이 최종적으로 경전으로 확정되었다. 그 동안 논란이 있었던 에스겔, 잠언, 아가, 전도서, 에스더기가 이 때 최종적으로 경전에 포함되었다.

기원 후 70년 로마군대에 의해 예루살렘이 무참히 파괴된 후, 요하난 벤 자카이를 중심으로 한 유대교 랍비들이 얌니아라는 곳에 모여 유대교의 정체성을 확립하고 갱신을 모색하였다. 이 회의에서 랍비들은 유대교로부터 분리되어 가던 기독교와 자신들을 구별 짓기 위해 초기 기독교인들이 사용하던 그리스어 번역 성서인 70인 역(LXX)을 버리고 자신들만의 새로운 히브리 정경 24권을 확정하게 되었다. 후에 루터를 위시한 종교개혁자들은 번역 대본으로는 히브리 정경을 따르지만, 성서의 분책(分册)이나 배열(配列)은 70인 역을 따라 오늘날의 구약 39권을 확정하게 되었다. 이 때 70인 역에는 포함되었으나, 히브리 정경에 포함되지 않았던 책들을 외경(外經)이라고 한다. 외경에는 토비트, 유디트, 솔로몬의 지혜, 집회서, 바룩서, 마카베오 전후서등이 있다. 로마 가톨릭은 이를 정경 속에 포함하였다. 이에 반해 개신교에서 구약정경으로 인정하는 책은 다음과 같다.

* 율법서(오경) - 창세기, 출애굽기, 레위기, 민수기, 신명기(5권)
* 역사서 - 여호수아, 사사기, 룻기, 사무엘상, 사무엘하, 열왕기상 열왕기하, 역대기상, 역대기하, 에스라, 느헤미야, 에스더(12권)
* 시문학 - 욥기, 시편, 잠언, 전도서, 아가, 예레미야 애가(6권)

* 대 예언서 - 이사야, 예레미야, 에스겔(3권)
* 소 예언서 - 호세아, 요엘, 아모스, 오바댜, 요나, 미가, 나훔, 하박국, 스바냐, 학개, 스가랴, 말라기(12권)
* 묵시문학 - 다니엘

신약정경이 확립된 것은 주후 367년 아타나시우스가 부활절 서신에서 요한계시록을 포함한 신약 27권을 정경으로 채택할 것을 제의한 것에 기인한다. 이것은 실로 신약정경 형성에 신기원을 이룬 것이었다. 그 후 히포 회의(주후 393)와 카르타고 회의(주후 397)에서 아타나시우스의 제안이 만장일치로 가결되었다. 이 때 각각이 책들이 신약 정경으로 재택되는 데는, 저자가 사도이거나 또는 사도와 관계를 가진 자의 기록이어야 한다는 사도성(使徒性)의 원칙, 성령의 영감으로 기록된 것이어야 한다는 영감성(靈感性)의 원칙, 그리고 초대교회에서 보편적으로 받아들여진 것이어야 한다는 보편성(普遍性)의 원칙이 적용되었다. 최종적으로 신약정경에 포함된 것은 다음과 같다.

* 복음서 - 마태복음, 마가복음, 누가복음, 요한복음(4권)
* 바울서신 - 로마서, 고린도전서, 고린도후서, 갈라디아서, 에베소서 빌립보서, 골로새서, 데살로니가전서, 데살로니가후서 디모데전서, 디모데후서, 디도서, 빌레몬서(13권)
* 역사서 - 사도행전(1권)
* 일반서신 - 히브리서, 야고보서, 베드로전서, 베드로후서, 요한 1서 요한 2서, 요한 3서, 유다서(8권)
* 묵시문학 - 요한계시록(1권)

□ 함께 생각해 보기

1. 일반 고전과 성경은 어떤 점에서 다른가?
2. 성경은 사실의 보도를 넘어서 해석된 역사 혹은 신앙 고백적 언어로 기록되었다는 것은 무슨 뜻인가?
3. 구약과 신약은 어떤 차이가 있는가?
4. 정경과 외경은 어떻게 형성되었으며, 어떤 책들이 있는가?

성서는 어떤 내용을 담고 있는가?

1. 히브리 성서(구약)

1) 율법서(오경)

율법서(오경)는 하나님의 천지창조와 인간의 타락, 홍수 심판, 아브라함의 부르심과 땅과 후손에 대한 약속, 이삭과 야곱의 이야기, 그리고 요셉과 야곱의 가족들이 이집트로 이주하게 된 이야기 등을 담고 있는 창세기를 필두로, 이스라엘 민족이 모세의 인도로 이집트를 탈출하여 하나님이 약속하신 가나안 땅으로 향하는 여정 속에 일어나는 다양한 이야기를 담고 있는 출애굽기, 레위기, 민수기, 신명기를 포함하고 있다. 오경의 주된 내용은 한 마디로 떠돌이였던 아브라함과 이삭과 야곱의 후손들이 하나님의 약속대로 이스라엘 민족을 형성하고, 모세의 인도로 출애굽을 하고 광야생활을 통해 훈련을 받아 하나님의 백성으로 성장해 가는 이야기다.

창세기 1-11장은 원(原)역사라고 불리는 특별한 부분인데, 선사시대(Prehistory)의 이야기이다. 특별히 1-3장에 나오는 창조이야기, 에덴동산 이야기, 타락이야기는 세계의 시작과 종말, 인간의 기원과 운명에 관한 신앙적인 해석이라고 할 수 있다. 창세기 1장에서 가장 핵심적인 말은 "하나님이 하늘과 땅을 창조하셨다"라는 말이다. 창세기의 창조이야기는 이 세상의 근원이 '누구'이며, 누구로부터 말미암았는지는 말할 수 있지만, 오늘날의 과학적인 의미로 '어떻게'를 말하는 것은 아니다. 그런 점에서 창조이야기의 언어는 사실적인 언어라기보다는 성서가 쓰이던 시대의 우주관을 배경으로 한 은유적인 언어라고 말할 수 있다. 그 핵심은 하나님이 이 세상 모든 것의 근원이 되시며, 이 세상을 사랑의 대상으로 창조하셨고 보시기에 좋았음을 말하는 것이다.

특별히 인간은 '하나님의 형상'대로 창조하신 존재로 하나님의 사랑의 대상이자 창조의 동역자로 삼으셨다. 그리고 하나님은 타락할 수 있는 위험을 감수하시면서까지 인간에게 자유를 주시고 만물을 관리하는 청지기로 세우셨다. 그러나 그런 인간에게 질서와 조화와 평화를 깨는 일이 생겨 에덴동산으로부터 유배된 삶을 살아가게 되었다. 그것을 설명하는 것이 타락이야기이다. 이 결과 가인과 아벨의 형제살인이 생기고, 노아의 심판을 당하게 되고, 바벨탑 사건이 생긴 것이다. 그 이후의 인간의 역사는 이 타락한 현실의 굴레를 벗어나지 못하게 되었다. 이러한 현실 속에서 하나님께서는 아브라함과 이삭과 야곱을 선택하여 구원의 역사를 만들어 가셨다.

야곱의 가족이 요셉이 총리로 있는 이집트로 내려가 그곳의 비옥한 땅에서 생육하고 번성하여 큰 민족이 되었다. 이후 바로가 이를 위협으로 느껴 이스라엘 민족을 노예로 삼고 학대한다. 이들의 신음소리를 들은 하나님께서는 모세를 보내 이들을 이집트에서 해방시킨다. 출애굽기 중에서 가장 중요한 사건은 시내산에서 하나님과 이스라엘 백성 간에 계약이 체결되고(출19-20장), 모세가 하나님으로부터 십세명을 받은 것이다. 이로써 이스라엘은 계약(율법)의 백성이 된 것이다. 레위기는 기룩한 하나님의 백성으로서 예배(제사)하는 법과 성결법에 대한 자세한 내용을 담고 있다. 민수기는 믿음과 불신앙으로 점철된 광야 생활의 기록이고, 신명기는 광야 생활을 회고하면서, 하나님의 백성으로서 가나안 땅에서 하나님과의 계약과 율법을 신실하게 지킬 것을 모세가 다시 한 번 강조하는 내용이다.

2) 역사서

역사서는 이스라엘 백성이 모세의 인도로 출애굽 한 후, 약속의 땅 가나안에 정착하여 나라를 세우고, 그 나라가 흥망성쇠 하는 것을 신앙적인 관점에서 해석한 책들이다. 먼저 여호수아서는 모세의 후계자로서 이스라엘 백성들을 이끌고 요단강을 건너 가나안 땅을 정복하고 지파별로 땅을 분배하는 내용을 담고 있다. 가나안 땅에 정착하는 과정에서 이스라엘 백성은 그곳의 정착민들과 전쟁을 하기도 하고, 평화적인 협상을 하기도 하고, 그곳의 억압받는 사람들과 함께 투쟁하기도 하였다.

사사기는 가나안의 정착한 이스라엘 열 두 지파가 형성한 지파공동체의 역사를 기술하고 있다. 사사(士師)란 이스라엘 백성이 주변 민족들로 인해 어려움에 처했을 때, 하나님의 특별한 카리스마를 받고 이스라엘 백성을 구원하는 군사지도자, 재판관, 종교지도자를 뜻한다. 이들은 평상시에 자신의 직업에 충실히 하다가 사사로 부름을 받고 위기가 극복이 되면 다시 본래의 직업으로 돌아갔다. 유명한 사사로 삼손, 기드온, 드보라 등이 있다. 이스라엘 백성은 약속의 땅 가나안에서 이집트의 전제군주적인 나라가 아니라, 하나님이 주인이 되는 평등한 지파공동체를 건설하려고 하였으나, 이스라엘 백성의 하나님에 대한 배신으로 인해 어려움을 겪고 주변 민족들의 위협을 받자 왕을 요구하게 되었고, 결국 마지막 사사인 사무엘이 마지못해 왕정을 승인하게 되었다.

사무엘상하는 바로 초대 왕인 사울과 이스라엘 민족 최대의 왕이자 가장 영광스러웠던 다윗왕의 등극과정을 보도하고 있다. 사울은 벤야민 지파 출신으로 처음에는 겸손한 사람이었으나, 왕이 된 후에 권력을 강화하는 과정에서 하나님의 말씀을 무시하고 종교적 기능까지 수행하려다 사무엘의 불신을 받게 되었다. 게다가 불레셋 장수 골리앗을 이긴 후, 민중들의 지지를 받고 있던 자기의 부하인 다윗을 시기하다가 말년에 비참한 최후를 맞게 되었다. 다윗은 유다 지파 출신으로 하나님의 영이 사울을 떠난 후, 사무엘을 통해 기름부음을 받고, 많은 우여 곡절을 겪은 후에 왕위에 오르게 되었다.

그는 사울 사후 분열되었던 12지파를 통합하는 통일국가를 만든 후, 수도를 예루살렘으로 옮기고 시온성을 세웠다. 시온은 예루살렘을 지칭하며 다윗시대 이스라엘의 영광을 상징하였다. 다윗시대는 이스라엘 역사에서 가장 부강한 나라가 되었으며, 그 아들 솔로몬까지 그 영광이 이어지다가, 솔로몬 사후 왕국은 분열되고, 그 이후 강대국들에게 멸망당하고 식민지와 포로생활을 겪으면서, 다윗의 왕국은 회복되어야 할 메시아의 나라의 모범이 되었다. 열왕기상하는 다윗 이후의 이스라엘의 왕들의 치적을 다루고 있다. 남북이 분단되는 아픔을 겪으면서도 북이스라엘과 남유다의 왕들은 대부분이 우상을 섬기고 하나님의 율법을 지키지 않음으로 하나님과 맺은 계약을 파기하여 멸망의 길을 가게 되었다. 이때 예언자들이 등장하여 이들을 잘못을 지적하며 회개를 촉구했으나, 히스기야나 요시야를 비롯한 몇 명의 왕을 제외하고는 오히려 예언자들을 조롱하고 박해했다. 예언자들의 심판 예언을 무시하였던 북이스라엘과 남유다는 각 각 앗시리아와 바벨론에게 멸망당하였다. 에스라 느헤미야서는 바벨론 포로생활을 마치고 귀환한 이스라엘 공동체를 신앙적으로 제도적으로 새롭게 하는 이야기를 담고 있다. 에스더서는 바벨론을 멸망시킨 페르시아에서 왕후가 된 유대 처녀 에스더의 신앙과 자기 민족을 몰살의 위기에서 구원한 용감한 이야기를 담고 있다.

3) 시문학

히브리 문학작품 중 최고의 작품으로 간주되는 책이 욥기이다. 욥기는 지혜문학으로서 전통적인 인과응보사상에 의문을 제기하며, 의인이 당하는 고난의 불가해성에 도전한다. 욥의 친구들은 전통적인 인과응보 사상을 대변하지만, 욥기는 자신의 고난을 자신의 잘못이나 죄에서 찾는 데 동의하지 않는다. 욥은 의인을 악인과 함께 고난을 당하게 하시는 하나님에 대해 항의한다. 하나님은 욥의 질문과 항의에 직접적으로 대답하지 않으시고, 창조자와 피조물 사이의 절대적인 차이를 제시하시면서, 욥이 우주 안에서 차지하는 자리를 묻는다. 인간이 생각하는 선악의 기존과 인과응보사상을 넘어서는 하나님의 존재를 체험한 욥은 "주님이 어떤 분이시라는 것을 지금까지는 제가 귀로만 들었습니다. 그러나 이제는 제가 제 눈으로 주님을 뵙습니다."(42:5)고 고백한다.

시편은 이스라엘 역사 속에서 형성된 개인 혹은 공동체의 노래, 기도, 탄원, 감사, 찬양 등을 담은 시 150편을 수집해 놓은 책이다. 이 시편 중에는 왕의 즉위나 공동체의 제의에 사용되어진 시들도 있다. 잠언(箴言)은 생존을 위하여 그리고 보다 올바른 삶을 위하여 세속적인 지혜와 더불어 윤리적이며 종교적인 교훈들을 지니고 있는 짧은 경구(警句)나 격언(格言)들을 수집해 놓은 책이다. 잠언의 편집자는 "여호와를 경외하는 것이 지식의 근본이거늘 미련한 자는 지혜와 훈계를 멸시한다"(잠1:7)고 천명한다. 전도서(傳道書)의 서명은 히브리어로 '코헬렛' 이다. 이는 지혜의 교사를 의미한다. 저자는 삶의 냉혹한 현실을 보면서 '의로운 길 혹은 지혜로운 길을 가면 만사가 형통할 것이라' 는 믿음을 거부한다.(전7:15, 8:14, 9:11) 전체적으로 허무적인 분위기를 보여 주나, 창조주 하나님을 믿음으로 초연한 삶을 살아야 함을 말하고 있다.

아가(雅歌)는 노래 중의 노래로서 젊은 남녀의 연애 시(詩)들을 수집해 놓은 책이다. 세속적인 시이지만, 하나님과 그의 백성, 혹은 예수 그리스도와 교회 혹은 그리스도인과의 은밀한 사랑의 관계를 보여주는 상징적인 시로 기독교회는 받아들였다. 예레미아 애가(哀歌)는 B.C. 586년 예루살렘의 멸망을 슬퍼하는 노래이다. 이 애가는 전통적으로 예언자 예레미야에 의하여 기록되었다고 보아서, 예레미야서 다음에 위치한다.

4) 예언서

예언자는 장래에 벌어질 일을 말하는 사람이라기보다는 하나님의 말씀을 대언(代言)하기 위해 부름 받은 사람이다. 그들은 하나님과의 영적인 교감을 통하여 하나님의 뜻을 통찰하거나 계시를 받았다. 그들이 당시의 권력자들에게 굴하지 않고 그들의 우상숭배를 비판하고 하나님의 정의를 당당하게 선포할 수 있었던 것은 예언자 자신은 힘이 없는 사람이지만, 하나님의 영이 자신들과 함께 한다는 확신 때문이었다. 예언자들의 사회정의 실천은 거룩한 신성의 체험,

영적 체험에서 우러나오는 것이었다. 이사야 하나님 체험(사6장), 아모스의 환상(암7:1-9), 예레미야의 소명(렘1:4-13)에서 잘 드러난다.

예언자 중에는 문서를 남기지 않는 사람도 있고, 사람도 있다. 문서예언자 중에서 글의 양에 따라 대 예언서(이사야, 예레미야, 에스겔)와 소 예언서(호세아, 요엘, 아모스, 오바댜, 요나, 미가, 나훔, 하박국, 스바냐, 학개, 스가랴, 말라기)로 나눈다. 또한 왕실과의 관계에 있어 사무엘이나 나단과 같이 왕의 종교적 자문관 역할을 한 예언자도 있고, 엘리야, 미가, 아모스처럼 재야에서 왕권에 비판적이고 나름대로 대안을 제시한 예언자도 있다. 예언자들은 자신들의 선포의 진정성을 보여주기 위해 극적인 행동을 하기도 하였다. 이사야는 3년 동안 벌거벗고 맨발로 예루살렘 거리를 돌아다녔으며, 예레미야는 점토 항아리를 깨뜨리고, 나무멍에를 매고 다녔으며, 에스겔은 모형 예루살렘을 만들고 공공장소에서 왼쪽으로 누워 300일, 오른쪽으로 누어 40일 을 지내기도 하였다.

예언자들은 통치자들이 하나님을 떠나 우상을 숭배하고 공의를 무시하면서 태평성대라고 선전할 때, 하나님의 심판을 예고하여 조롱과 박해를 받았다. 하지만 예언자들의 경고를 듣지 않아 바벨론의 포로로 끌려가게 되자, 그토록 당당했던 통치자들과 백성들은 두려움과 절망에 사로잡혔다. 이때 예언자들은 이스라엘 백성이 참으로 회개하고 하나님에게로 돌아 온다면, 치유와 회복과 새로운 창조가 있을 것이라는 희망을 선포하였다.

5) 묵시문학

이사야나 스가랴와 같은 책에도 묵시적인 내용이 있지만, 구약의 대표적인 묵시문학은 다니엘서다. 묵시문학은 악한 세력이 만드는 역사의 질곡과 억압 속에 하나님이 개입하셔서 악을 심판하시며, 의(義)와 하나님을 믿는 자들의 궁극적인 승리를 가져 올뿐만 아니라, 새로운 세상을 여실 것이라는 희망을 상징적으로 표현한다. 바벨론에 포로로 끌려갔던 유대청년 다니엘은 신앙 때문에 사자 굴에 던져지기도 하나, 하나님이 보호하셨다. 하나님은 그에게 환상을 통하여 하나님이 바벨론, 페르시아 등 세계 모든 나라들을 주관하시며 역사의 주인임을 보여주셨다. 다니엘서는 기원 전 165년경 헬라제국의 박해시기에 집필된 것으로 보인다.

2. 신약성서

1) 복음서

복음서는 앞 장에서 언급한 바와 같이 부활과 성령강림 사건 이후의 관점에서 예수가 누구인지, 그가 하신 일이 무엇인지를 그리고 있다. 예수는 글을 남기지 않았다. 그의 말씀은 구전의 형태로 내려오다 단편적으로 문서화 되었다. 그 문서들이 저자 혹은 공동체의 편집과정을 거쳐 오늘날의 완결된 모습으로 우리에게 전해진 것이다. 예수는 마치 신비에 쌓인 큰 산과 같아서 그 산을 온전히 드러내기는 어렵다. 단지 저자들은 자신이 서 있던 자리 혹은 올라갔던 등산로를 따라 그 산의 모습을 그리고 있는 것이다.

마가복음은 70년 예루살렘 성이 멸망하기 직전 아니면 직후에 쓰여 졌다. 복음서 가운데 가장 먼저 쓰인 책이다. 이 책은 예수의 수난이야기가 큰 부분을 차지하고 있는 데서 보듯이, '예수의 길' 즉, '십자가의 고난과 부활을 향한 길' 이 주제이다. 예수는 고난을 통하여 인류 구원의 길을 가신 것이다. 마태복음은 특별히 유대인을 향하여 그들의 구약적인 배경을 토대로 예수가 그리스도이심을 증거 하고자 하였다. 예수의 출생과 사역과 고난과 죽음과 부활은 구약의 예언자들을 통하여 이미 말씀하신 것을 성취한 것이다.

누가는 예수가 고향 나사렛의 한 회당에서 이사야서를 읽으면서, 그 말씀이 현재 자신에 의해 실현되었음을 선포한다(눅4:16-21). 그는 예수를 가난하고 억압받는 사람들을 위해 행동하는, 성령의 기름을 받은 사회적 예언자로 그리고 있다. 누가는 먼 미래가 아니라, 지금 여기에서 이미 하나님의 역사가 예수 그리스도를 통하여 시작되었다고 보았다. 그리고 누가의 관심은 이방인을 향하고 있다.

요한복음은 공관 복음서(마태, 마가, 누가)와 다른 관점에서 예수의 생애와 가르침을 전하고 있다. 1장의 시작부터 요한복음은 말씀(로고스)이신 예수님의 창조 전 선재(先在)와 성육신(成肉身)에 대해서 말하고 있다. 이것은 그리스-로마 세계에서 예수님의 신성

(神聖)을 설명하는 방식이었다. 공관복음에서 예수의 주 활동 무대는 갈릴리나, 요한복음은 유대와 예루살렘이다. 그리고 전자에서는 '하나님의 나라'가 예수의 선포의 초점임에 반하여, 후자는 예수 자신이 누구인가에 초점이 놓여 있다. 요한복음에 있어 예수는 "하나님과 하나"이며 "나(예수)를 본 자는 아버지를 본" 것이다. 요한복음은 예수가 누구인가를 풍부한 비유와 은유를 통해 묘사한다.

2) 바울서신과 일반서신

바울서신은 유대교에 심각한 충격을 주었던 70년 예루살렘 성전 파괴 전에 쓰인 유일한 신약성서이다. 바울서신 중 데살로니가전서, 갈라디아서, 고린도전후서, 빌레몬서, 빌립보서, 로마서는 바울이 직접 쓴 것으로, 골로새서, 에베소서, 데살로니가후서, 디모데전후서, 디도서는 바울의 제자나 바울 학파가 쓴 것으로 학자들은 보고 있다. 바울서신에는 지상의 예수에 대한 이야기가 거의 나오지 않는데, 그렇다고 바울이 역사적 예수에 대해 몰랐다고 볼 수 없다. 오히려 시기적으로 복음서 보다 역사적 예수의 전승을 더 가깝게 들을 수 있었을 것이다. 사도 바울은 예수 십자가 처형 후 5년 뒤 쯤 경험한 것으로 여겨지는 다메섹 회심 이후 예수의 형제 야고보나 베드로 등을 비롯한 초기 기독교 공동체와 교류하였기 때문이다. 그의 가르침의 핵심을 보면 예수의 그것과 연관되어 있음을 알 수 있다.

바울의 회심은 정확하게 말하자면 유대교로부터 다른 종교로의 개종이 아니라, 오히려 유대교의 한 분파인 바리새인으로부터 하나님의 뜻과 경륜을 참되게 이해하고, 이전에 선지자들을 통해 약속된 열방(이방)을 향한 하나님의 뜻을 실행하도록 부름을 받은 소명자로의 변화라고 말할 수 있다. 물론 이것은 부활하신 예수를 통하여 하나님의 나라(통치)가 지금 여기에서 시작되었고, 장래에 그리스도의 재림을 통하여 완성될 것이라는 깨달음을 통해 이루어졌다. 바울은 하나님에 대한 신앙을 갖게 되는 개종의 단계가 아니라, 이미 믿은 하나님, 그가 보내신 아들 예수에 대한 신앙으로 넘어간 것이다. 그는 예수의 부활도 히브리 성서(구약)의 지평에서(고전15:3) 이해했다.

바울서신은 자신이 세운 공동체의 당면한 구체적인 문제를 해결하고, 복음의 핵심을 전하고, 올바른 그리스도인의 삶이 무엇인가를 교훈하려는 내용을 담고 있다. 이런 점에서 바울서신의 주제는 바울이 정한 것이 아니라, 그 공동체가 정했다고 볼 수 있다. 그 만큼 현장 중심적이고 실천적인 글이라고 할 수 있다. 사도바울의 메시지의 핵심은 예수는 부활하신 그리스도로 온 인류의 주님이시며, 누구든지 그리스도 안에 있는 사람은 새로운 피조물로, 죄 가운데 있는 옛 아담을 벗어버리고, 하나님의 은혜를 덧입은 새로운 존재라는 것이다. 인간은 율법의 준수가 아니라, 하나님의 은혜로 의롭다하심을 얻는다. 그러므로 그는 "그리스도는 모든 믿는 자들에게 의를 이루기 위하여 율법의 마침이 되시니라"(롬10:4)고 말한다. 그리스도 안에서의 삶은 또한 성령을 따라 가는 삶이다. 이것은 존재론적인 이

원론이 아니라, 삶의 방식(유형)의 구별이다. 육신에 속하지 않고 성령 안에서 사는 자의 특징은 믿음, 소망, 사랑의 삶이다.

일반서신은 바울서신 이외의 서신으로, 히브리서, 야고보서, 베드로전서, 베드로후서, 요한 1서, 요한 2서, 요한 3서, 유다서를 말한다. 이들 서신들은 각각의 공동체가 직면한 문제를 신앙적인 차원과 윤리적인 차원에서 교훈하고 올바른 그리스도인의 자세를 갖도록 격려하고 있다.

3) 역사서: 사도행전

저자는 사도 바울의 동행자였던 누가로 누가복음의 후편으로 예수 승천 후 제자들이 예수의 부활의 증인으로서 성령의 인도 하에 팔레스타인을 넘어 세계에 복음을 전하는, 초기 기독교 공동체에 대한 기록이다. 사도행전은 성령행전이라고 할 만큼 성령의 생동적인 역사를 그리고 있다. 특히 사도 바울에 관한 이야기가 반 이상이 된다. 사도바울은 하나님께서 자신을 이방인의 사도로 부르셨다는 소명의식 속에, 40년대는 갈라디아를 포함한 소아시아에서, 50년경에는 소아시아를 떠나 유럽으로 갔다. 그리스의 북쪽지방에서부터 빌립보, 데살로니가, 베뢰아 등에 그리스도인 공동체(가정교회)를 세운다. 남부지방인 아테네에서는 성공하지 못했지만, 고린도에서는 성공했다. 그는 고린도에서 2년을 보내고, 에베소에서 많은 시간을 보내면서 자신이 세운 교회를 위해 여러 편의 서신을 썼다. 그는 소아시아와 에게 해 주변을 3차에 걸쳐 선교여행하며, 마지막으로 로마에 죄수로 끌려가서 거기에서 가택 연금된 상태에서 재판을 기다리는 동안에도 복음을 전하는 것으로 사도행전은 끝나고 있다.

4) 묵시문학: 요한계시록

요한계시록은 교회역사상 가장 많은 논쟁의 대상이 된 책이다. 사실 이 책은 정경에 포함되지 못할 뻔하였다. 16세기 종교개혁자들은 이 책을 마지못해 신약에 포함시켰다. 요한계시록은 주후95년 경 도미티아누스 황제 말년에 쓴 것으로 생각된다. 이 책의 65%정도는 구약 성경구절을 변용했거나, 암시한 것들이다. 묵시문학이 그렇듯이 이 책도 박해 시대 절박한 상황 속에서 그리스도에 대한 믿음을 잃지 않고, 끝까지 견디도록 격려하고 희망을 주는 목적으로 기록된 것이다. 여러 숫자와 상징이 사용되는 데, 666의 짐승숫자는 '네로 황제'로, '큰 창녀' '큰 바벨론'은 로마제국을 상징한다고 본다. 로마 제국 전역에 걸쳐 황제 숭배를 하기 위해 성전이 세워졌다. 이러한 상황에서 요한은 주님 되심은 오로지 '상처받은 어린양 예수 그리스도'라는 것이다. 고난 받는 어린양, 죽임당한 어린양이 땅위의 지배자들의 주님이시라는 것이다.

□ 함께 생각해 보기

1. 오경의 핵심 내용은 무엇인가?
2. 구약에서 예언자들의 역할은 무엇인가?
3. 사복음서의 각 각의 특징은 무엇인가?
4. 사도 바울은 누구이며, 그가 쓴 서신은 어떤 것이 있는가?

하나님은 누구신가?

1. 궁극적 실재

세계 22억 인구가 신앙하는 기독교(基督教)는 문화권을 넘나들며 선교하는 세계종교이다. 기독교인은 하나님[2)]을 절대적 존재로 믿고 예배하며 찬양한다. 물론 여러 종교마다 궁극적으로 믿고 예배하는 대상이 문화권마다 언어마다 다양하게 불린다. 힌두교에서는 브라만을, 불교에서는 붓다를, 이슬람교에서는 알라를, 바하이신앙에서는 바하올라를, 증산교에서는 상제(上帝)를 궁극적 가치를 지닌 절대적 존재로 신앙한다. 종교철학자 존 힉(John Hick)은 하나의 유일한 실재(Reality 혹은 The Real)가 다양한 이름들로 표현된다는

2) 기독교의 교파에 따라서 궁극적 존재를 지칭하는 방식에 차이가 있다. 동일한 신이지만 가톨릭(천주교)에서는 '하늘에 있는 존재'를 강조하여 '하느님'으로 칭하고 감리교와 장로교를 비롯한 개신교(신교)에서는 '유일한 존재'를 강조하여 '하나님'으로 부른다. 이 교재에서는 '하나님'으로 통칭할 것이다.

신 중심적 종교다원주의를 주장한 바 있다. 그렇다면 기독교의 하나님에 대한 개념은 어떻게 형성되어 신앙되고 있는지 살펴보자.

2. 성서에 나타난 하나님

기독교를 이해하기 위해서는 유대교에 대한 이해가 필수적이다. 유대교의 히브리어성서 타나크(Tanak)를 '구약성서' (舊約聖書)로 수용하고 있기 때문이다. 구약성서에서 하나님의 이름은 다양한 형태로 불린다. 특히 여호와(야훼, Yahweh)와 엘로힘(Elohim)이 주로 사용된다. 먼저 여호와는 그 발음이 명확히 드러나지는 않지만 계시, 언약, 은혜, 구원의 신으로 예배를 받으시는 하나님이다. 반면에 '엘로힘' 은 말씀으로 우주를 창조하는 초월적 지배자로 등장하는데 능력과 존경을 표현하기 위하여 복수형의 명사로 사용된다. 그리고 유대인은 신(神)을 직접 언급하는 것을 금지했기 때문에 '나의 주님' 을 의미하는 아도나이(Adonai)로 신을 불렀다. 기원전 3-2세기에 히브리어성서를 그리스어로 번역한 70인역(70人譯, LXX)[3]에서는 신을 '데오스' (Theos)나 '큐리오스' (Kurios)로 번역하였다. 그리고 신약성서(新約聖書)에서는 아버지를 의미하는 '파테르' (Pater)

3) 그리스어가 공용어로 사용되던 헬레니즘시대에 이집트의 유대인들이 사용하기 위하여 기원전 3-2세기에 히브리어성서에 대한 그리스어 번역이 이루어졌다. 12지파에서 6명씩 72명의 번역자를 뽑아 독방에서 각각 번역하였는데 그 결과가 동일하였다고 전해진다.

라는 이름이 추가되었다. 이처럼 성서의 하나님은 철학자들이 논리적으로 증명해야 할 형이상학적 존재가 아니다. 오히려 역사에 개입하고 인간과 자연에 자신을 계시하는 인격적인 존재이다.

3. 창조자 하나님

하나님은 만물을 창조하셨으므로 만물은 하나님께 속한다. 「창세기」에서 하나님은 천지만물을 창조한다(1:1). 따라서 하나님과 피조물 사이에는 분명한 차이가 있다. 이 차이를 인지한 사도 바울은 「로마서」에서 "피조물보다 조물주를 더 경배하고 섬김"(1:25)을 강조하였다. 만물은 하나님이 보시기에 좋게 창조된 것이므로 인간의 존중과 보호 및 사랑을 받아야 된다. 그러나 인간이 저지른 죄에 의하여 하나님과의 관계가 왜곡되었으므로 만물은 원래의 모습이 회복되어야 하는 구원과 변혁의 대상이 된다. 하나님께 속한 세계가 인간에게 맡겨진 것이므로 환경과 생태 문제에 적극적으로 개입할 것이 기대된다.

기독교의 창조론에 따르면 하나님이 자유로운 신댁에 의하여 무로부터(ex nihilo) 우주와 만물을 창조하였다. 세계를 창조하는 데 소요된 6일의 기간에 대해서는 문자적인 해석과 수사적인 해석이 모두 가능하다. 전능하시고 지혜로운 주권자로서 하나님이 우주를 창조하시고 보존하신다는 창조신앙은 성서에서 지속적으로 강조된다.

"오직 주는 여호와시라 하늘과 하늘들의 하늘과 일월성신과 땅과 땅 위에 만물과 바다와 그 가운데 모든 것을 지으시고 다 보존하시오니 모든 천군이 주께 경배하나이다."(느 9:6)

이러한 창조의 목적은 하나님의 영광을 나타내기 위함이며 가시적인 세계는 물론 비가시적인 우주도 포함한다. 창세기 1장에서는 모든 것을 무로부터 하나님의 말씀으로 창조한 것으로 기록되어 있다. 그러나 일부는 재료를 사용하여 창조하기도 한다. 창조는 시간 내에서(in tempore) 창조된 것이라기보다는 시간과 더불어(cum tempore) 창조된 것이다. 세계가 창조되기 이전에도 하나님은 활동하시므로 영원은 무한히 연장된 시간이 아니라 무시간적인 존재이며 영원한 현존인 것이다. 이러한 창조는 인류의 행복을 이루거나 하나님이 자신의 영광을 받기 위한 것이 아니라 자신의 영광을 드러내기 위함이다.

기독교의 창조론 외에도 이분법과 유출론이 세계의 시작을 설명하였다. 이분법은 하나님과 물질을 영원히 공존하는 것으로 설명하며, 유출론은 하나님으로부터 세계가 유출되었으므로 하나님과 세계가 본질적으로 하나라는 점을 강조한다. 21세기 과학기술문명이 발단한 현대사회에서는 생명의 기원을 자연의 발생과 선택으로 설명하는 찰스 다윈의 진화론이 지닌 가치가 새롭게 조명을 받으며 유행하고 있다. 기독교의 관점에서 진화론을 하나님의 섭리로 설명하려는 신학적 노력이 활발히 진행 중이다.

4. 보호자 하나님

「출애굽기」에서 하나님은 고된 노예생활을 하던 유대인을 이집트에서 탈출시키고 약속의 땅으로 인도한다. 하나님의 형상대로 창조된 인간은 하나님 안에서 참된 평화를 누릴 수 있다는 것이다. 하나님과 유대인 사이에 변하지 않는 약속, 언약(言約, covenant)이 맺어진다. 모세에게 나타난 하나님은 "스스로 있는 자"(I am who I am, 3:14)라 자신을 소개하는데, 파울 틸리히(Paul Tillich)에 따르면 하나님은 존재 자체이고 모든 존재의 기초이다.

하나님은 시내산에서 모세에게 나타나 "세계가 다 내게 속하였나니 너희가 내 말을 잘 듣고 내 언약을 지키면 너희는 모든 민족 중에서 내 소유가 되겠고 너희가 내게 대하여 제사장 나라가 되며 거룩한 백성이 되리라."(출 19:4-5)고 약속하였다. 이전에 아브라함과 이삭과 야곱과 세운 언약을 확인하는 것이다. 하나님이 아브라함과 세운 언약에 따르면,

> "내가 너로 큰 민족을 이루고 네게 복을 주어 네 이름을 창대하게 하리니 너는 복이 될지라. 너를 축복하는 자에게는 내가 복을 내리고 너를 저주하는 자에게는 내가 저주하리니 땅의 모든 족속이 너로 말미암아 복을 얻을 것이라."(창 12:3)

5. 전능하신 하나님

인류와 인격적인 관계를 맺으며 복을 주는 하나님은 '전능하신' (almighty) 존재로 표현된다. 니케아신조는 "전능하사 전지를 만드신 하나님 아버지를 내가 믿사오며"(I believe in God the Father almighty)로 시작한다. 하나님이 전능하시다는 것은 무슨 일이든 다 할 수 있다는 것을 의미하지는 않는다. 하나님은 '아무도 들어 올릴 수 없는 바위' 를 만드실 수 있을까? 우리는 여기서 하나님이라 하더라도 만들 수도 그렇다고 만들지 않을 수도 없는 논리적 모순을 발견한다.

2014년 4월 16일 진도 앞바다에서 여객선 세월호가 침몰하면서 300여명의 승객이 사망하였다. 이러한 참혹한 사고는 '하나님의 뜻' 에 의하여 일어난 것일까? 자연스럽게 사건사고를 직면하면 하나님을 정당하게 설명해야 하는 신정론(神正論, theodicy)의 문제가 일어난다. 하나님이 선하시고 전능하시다면 모든 사람들, 적어도 선한 사람들은 행복하게 살아야 할 것이다. 그러나 천재지변(天災地變)과 인재(人災)로 인하여 무고한 사람들이 고통을 당하고 죽어가는 현실을 어떻게 설명할 수 있을까?

하나님은 논리적으로 불가능한 일이나 하나님의 속성에 맞지 않는 일을 행하지 않는다. 그러므로 전능(全能, omnipotence)이라는 개념은 무슨 일이든 할 수 있다는 것이 아니다. 하나님은 거짓말을 하거나 불의를 행하는 등 죄를 지을 수 없기 때문이다. 하나님은 외부의 강압 없이 자유롭게 자기 의사에 따라 원하시는 일을 결정하고 무엇이든지 할 수 있다. 하나님은 우주의 질서 안에 '정해진 권능'(potentia ordinata)을 행하기도 하지만 우리의 상상과 능력을 초월하는 '절대적 권능'(potentia absoluta)을 지니고 행하기도 한다. 하나님은 세상을 창조할 수도 하지 않을 수도 있었지만 창조를 선택하였다. 그러므로 세상을 창조하지 않을 경우의 수는 더 이상 불가능하게 된다.

6. 고통 받는 하나님

「빌립보서」 4장에 따르면 하나님은 전능한 신의 지위를 스스로 제한하는 이타적 선택을 하였다. "그는 근본 하나님의 본체시나 하나님과 동등됨을 취할 것으로 여기지 아니하시고 오히려 자기를 비워 종의 형체를 가지사 사람들과 같이 되셨고 사람의 모양으로 나타나사 자기를 낮추시고 죽기까지 복종하셨으니 곧 십자가에 죽으심이라."(2: 6-8)고 고백되어 진다. 하나님의 초월적 지위를 버리고 유한한 인간이 되셨다는 점에서 우리는 극단적인 겸손과 희생을 발견한다. 전능하신 하나님이 어떻게 십자가에서 인류를 대신하여 고통을 받으며 죽을 수 있을까? 하나님이 인류의 죄를 대속함으로써 윤리적 속성으로 볼 수 있는 신적인 사랑을 성취하였다. 그러나 그 과정에서 절대적 신으로서 지닌 전지전능과 부소부재의 형이상학적 속성은 일부 제한된다.

제2차 세계대전 당시 독일의 나치가 6백만 명의 유대인을 집단으로 학살할 때 하나님은 무엇을 하고 계셨을까? 도움의 요청에도 불구하고 수많은 사람들이 죽어갔다. 하나님은 역사 속에 개입하지 않고 우주에서 물러나 있는 신인가? "하나님이 우리와 함께 계신다."(마 1:23)는 임마누엘의 신앙에 따르면 하나님은 고통 받는 사람들과 약함과 무력함 속에 함께 계신다. 오히려 인류를 위한 전인적인 희생과 우주적 계획 때문에 하나님은 '아버지'라 불리는 것이다. 기원전 5세기에 붓다는 인생이 집착으로 인하여 고통으로 가득하다고 가르쳤다. 그러나 전지전능한 하나님이 인간처럼 그러한 고통을 느낄 수 있었을까?

그리스 · 로마 문화의 스토아철학에서는 마음의 평정, 즉 아파테이아(apatheia)를 삶의 목표로 삼았다. 이러한 경향으로 인하여 '완전한' 하나님은 어떠한 감정과 고통도 느껴서는 안 되며 내적인 변화도 보여서는 안 된다는 편견을 갖게 되었다. 인간의 관점에서 볼 때 하나님이 '자애롭게' 느껴질지는 몰라도 하나님의 관점에서 그렇지 않다는 것이다.

2001년 9월 11일 테러리스트의 공격으로 미국 뉴욕의 쌍둥이 빌딩이 무너지면서 3천 명 가까운 희생자가 났다. 이러한 참혹한 현장을 목격하며 하나님도 우리 인간처럼 애통해 하셨을지 의문이 든다. 하나님이 다른 사람들의 불행을 비통해 하지 않는다면 예수 그리스도 안에 하나님의 성육신(成肉身, Incarnation)사건을 제대로 설명할 수 없을 것이다. 예수 그리스도가 인성과 신성의 양성(兩性)을 지니므로 십자가에서 '인간' 예수는 고통을 당했지만 '하나님의 아들' 예수는 신적 존재이기 때문에 고통을 느낄 수 없을 것이라는 주장도 있다. 그러나 위르겐 몰트만과 과정신학자들은 고통과 죽음의 현장에서 '인간을 이해하고 함께 고통 받는 동료' (a fellow sufferer who understands)로 하나님을 이해한다. 하나님은 역사에 참여하여 약자와 동행하는 '상처 받은 치유자' (wounded healer)로 인식되고 있는 것이다.

7. 아버지 하나님

기독교에서 하나님은 '아버지' 로 불린다. 유대교와 이슬람교의 초월적 신관과는 거리가 멀다. 조선시대의 유교사회에서 중국의 천자(天子)만이 하늘에 제사를 지낼 수 있었고 조선의 군왕들은 종묘(宗廟)와 사직(社稷)에서 조상 및 땅과 곡물의 신들에게 제사를 드렸다. 그러나 18세기와 19세기 내우외환의 정치적 혼란 속에 천주교와 개신교가 차례로 조선에 유입되면서 사회에서 배제되어 온 천민, 여자, 어린이가 하나님을 '아버지' 라 부를 수 있게 되었다. 이러한 신에 대한 호칭의 변화는 한국사회의 폐쇄된 종교지형에 커다란 변혁을 가져왔고 평등한 사회로 발전하도록 도왔다.

하나님을 성부(聖父), 즉 아버지로 언급할 때 우리는 현대사회에서 무뚝뚝하고 냉담하며 가정에 무관심한 슈퍼맨과 같은 남성의 왜곡된 이미지를 떠올려서는 안 될 것이다. 오히려 하나님은 자녀에게 생명을 주고 양육하며 보호하는 부모(父母)와 같은 친근한 존재이다. 사도 바울은 우리가 율법 아래에서는 종이었지만 예수 그리스도 안에서는 자녀가 되어 하나님을 "아빠 아버지"(Abba Father)라 부르게 되었다고 주장한다(갈 4:6). 겟세마네 동산에서 십자가의 처형을 앞둔 상황에서도 예수는 다음과 같이 기도하였다.

> "아빠 아버지여 아버지께는 모든 것이 가능하오니 이 잔을 내게서 옮기시옵소서. 그러나 나의 원대로 마시옵고 아버지의 원대로 하옵소서."(막 14:36)

이처럼 예수가 하나님을 아버지로 부르므로 예수를 믿는 기독교인은 하나님과 자녀의 관계를 형성할 수 있는 것이다. 그러나 하나님 아버지를 사람처럼 남성(男性, male)으로 인식해서는 안 될 것이다. 하나님은 남성도 여성도 아닌 초월적 영이며 다만 유한한 인간과 소통하기 위하여 인격적 표현으로 이해될 뿐이다.

8. 절대적 본성과 인격적 본성

하나님은 인간이 지니지 않는 '비공유적 속성'과 인간이 갖고 있는 '공유적 속성'으로 표현된다. 전자는 절대적 본성이고 후자는 인격적 본성으로 두 본성은 하나님 안에 동시에 공존한다. 하나님은 철학적인 절대나 궁극으로 끝나지 않고 일상 속에 경험되고 구체화된다.

<하나님의 속성>

비공유적 속성(절대적 본성)	공유적 속성(인격적 본성)
자존성(독립성), 불변성,	영성(영)
무한성(절대적인 완전성	지성(지식, 지혜, 진실)
시간적 영원성, 공간적 광대성),	도덕성(선, 거룩함, 의)
단일성(단수성, 단순성)	주권(의지, 자유, 능력)

하나님은 스스로 존재하며 모든 존재로부터 독립되어 있으나 다른 존재들은 하나님께 의존한다. 변화는 향상이나 저하를 뜻하므로 하나님은 변함이 없으시다. 하나님은 무한하여 모든 제한으로부터 자유롭고 결핍이 없는 완전성을 지닌다. 시간적으로 영원하여 과거, 현재, 미래의 구분이 없으며 공간적으로 광대하여 공간적 한계가 없으며 공간의 각 부분을 그의 존재 전체로 채우신다. 하나님은 단일한 존재이며 세계 만물의 창조와 멸망의 근원이다. 하나님의 본질과 속성은 구분되지 않고 하나이며 혼합되거나 합성된 것이 아니다.

하나님은 영이므로 물질에 속하거나 신체를 가지지 않는다. 성서에서는 하나님이 신체를 언급하지만 인간의 이해를 위한 신인동형론(anthropomorphism)적인 표현일 뿐이다.4) 하나님의 지식은 원

4) 신을 사람처럼 표현하는 관점으로 신이 팔, 눈, 입 등 인간과 비슷한 신체를 갖거나 신의 뜻, 사랑, 진노 등 인간과 비슷한 정서를 나타내기도 한다. 문자적인

형적 지식으로 논증적이거나 추론적이기보다는 직관적이며 전체적이다. 하나님은 외모가 아닌 중심(中心)을 판단하고 모든 지식의 기초를 제공하는 진리이다. 하나님은 선하시므로 모든 피조물에 대하여 인자와 사랑, 은혜와 자비를 베푸신다. 하나님은 노하기를 더디하시며 거룩하시다. 종교학자 루돌프 오토(Rudolf Otto)는 하나님의 본질을 성스러움(Das Heilige)으로 이해했다. 여기서 '성스러움' 이란 윤리적이며 합리적인 차원이 아닌 '압도적이며 매혹적인 신비', 즉 비합리적인 차원을 의미한다. 그리고 정의의 하나님은 의로우시므로 선과 악을 통치하며 상과 벌을 공정하게 베푸신다. 하나님은 자신의 의지대로 자유롭게 원하는 것을 행하신다.

9. 삼위일체의 제 1위(第一位)로서의 하나님

기독교의 신관은 삼위일체(Trinitas)교리에 기초한다. 성서에서 삼위일체(三位一體)라는 용어를 발견할 수는 없지만 성서를 통하여 삼위의 관계를 설명할 수 있다. 삼위일체는 하나님이 동일한 신적 본질(本質, substantia 혹은 ousia) 안에 세 위격(位格, persona 혹은 hypostasis)으로 존재한다는 교리이다. 신적 존재 안에 유일하고 구분할 수 없는 본체가 있고 성부, 성자, 성령 세 위격은 본질적으로는 동일하지만 공유될 수 없는 특성으로 구별된다는 것이다. 여기서

표현이라기보다는 비유적인 표현으로 보아야 할 것이다.

삼위가 한 신적 존재 안에 내재되어 있는 것을 '본질적 삼위일체' 라고 하며 삼위가 구별되어 활동하는 것을 '경륜적 삼위일체' 라고 부른다. 시간적 순서로 볼 때 존재의 근거가 되는 성부에서 성자가 나오고, 다시 성부와 성자에서 성령이 나온다.

이미 살펴본 바와 같이 구약성서에서 엘로힘은 복수형으로 사용되었고 신약성서에서 성자(聖子) 예수가 세례를 받을 때 성부(聖父) 하나님이 하늘에서 "이는 내 사랑하는 아들이요 내 기뻐하는 자라" 고 말씀하시며 성령 하나님은 비둘기같이 내려오는 장면이 묘사되고 있다(마 3:16-17). 그리고 승천하는 예수는 "너희는 가서 모든 민족을 제자로 삼아 아버지와 아들과 성령의 이름으로 세례를" 주라고 제자들에게 명령하였다(마 28:19). 성부, 성자, 성령이 병기된 아래와 같은 구절도 있다.

> "곧 하나님 아버지의 미리 아심을 따라 성령이 거룩하게 하심으로 순종함과 예수 그리스도의 피 뿌림을 얻기 위하여 택하심을 받은 자들에게 편지하노니 은혜와 평강이 너희에게 더욱 많을지어다." (벧전 1:2)

> "주 예수 그리스도의 은혜와 하나님의 사랑과 성령의 교통하심이 너희 무리와 함께 있을지어다."(고후 13:13)

> "은사는 여러 가지나 성령은 같고 직분은 여러 가지나 주는 같으며 또 사역은 여러 가지나 모든 것을 모든 사람 가운데서 이루시는 하나님은 같으니"(고전 12:4-7)

삼위일체에서 성부 하나님은 '아버지' 라는 호칭을 통하여 모든 만물의 근원으로 창조의 사역을 담당하는 위격으로 등장한다. 물론 삼위일체 하나님에게도 아버지라는 표현이 쓰일 수 있다. '아버지' 는 구약성서의 이스라엘 백성과 맺은 언약의 관계를 뜻한다.

> "내 이름을 멸시하는 제사장들아 나 만군의 여호와가 너희에게 이르기를 아들은 그 아버지를, 종은 그 주인을 공경하나니 내가 아버지일진대 나를 공경함이 어디 있느냐 내가 주인일진대 나를 두려워함이 어디 있느냐 하나 너희는 이르기를 우리가 어떻게 주의 이름을 멸시하였나이까 하는도다."(말 1:6)

> 신약성서에서'아버지'라는 표현은 모든 영적인 자녀의 아버지로서의 하나님을 지칭하는 데 사용된다. 사도 바울은 종의 관계에서 보다 친밀한 자녀의 관계로의 발전을'아빠 아버지'로 표현한다.

> "너희는 다시 무서워하는 종의 영을 받지 아니하고 양자의 영을 받았으므로 우리가 아빠 아버지라고 부르짖느니라. 성령이 친히 우리의 영과 더불어 우리가 하나님의 자녀인 것을 증언하시나니"(롬 8:15-16)

나아가 '아버지' 라는 호칭이 삼위일체의 제1위인 성부 하나님과 제2위인 성자 예수 그리스도 사이의 친밀한 관계를 묘사할 때에도 사용된다.

> "말씀이 육신이 되어 우리 가운데 거하시매 우리가 그의 영광을 보니 아버지의 독생자의 영광이요 은혜와 진리가 충만하더라."(요 1:14)

이처럼 성부 하나님은 태어나지 않은 존재로서 모든 만물을 창조하는 원초적 근원이다. 성부 하나님은 창조와 섭리의 사역은 물론이거니와 성자선택과 인류구원의 사역에 대하여 계획하고 실현되도록 이끄는 거룩하고 의로운 존재이다.

□ 함께 생각해 보기

1. 성서에 나타나는 하나님의 명칭에는 무엇이 있는가?
2. 창조주와 보호자로서 하나님은 어떻게 묘사되고 있는가?
3. 전능하신 하나님과 고통 받는 하나님을 비교하시오.
4. 하나님의 절대적 본성과 인격적 본성의 차이를 설명하시오.

예수 그리스도는 누구신가?

1. 예수 그리스도의 명칭

예수 그리스도를 설명하기 위해서는 먼저 기독교의 인간관을 이해할 필요가 있다. 인간은 '하나님의 형상' (Imago Dei)을 따라 창조되었다.

> "하나님이 이르시되 우리의 형상을 따라 우리의 모양대로 우리가 사람을 만들고 그들로 바다의 물고기와 하늘의 새와 가축과 온 땅과 땅에 기는 모든 것을 다스리게 하자 하시고 하나님이 자기 형상 곧 하나님의 형상대로 사람을 창조하시되 남자와 여자를 창조하시고 하나님이 그들에게 복을 주시며 하나님이 그들에게 이르시되 생육하고 번성하여 땅에 충만하라, 땅을 정복하라, 바다의 물고기와 하늘의 새와 땅에 움직이는 모든 생물을 다스리라 하시니라."(창 1:26-28)

그러나 인간은 "선악과를 따먹지 말라"는 하나님의 명령을 어김으로써 자유의지를 남용하게 되고 순종의 시험에 실패하였다. 낙원에서 추방된 인간은 후손의 본성을 부패시키고 죽음의 형벌을 전이시켰다. 최초의 죄로 인하여 인간의 본성은 타락하게 되고 하나님과의 교제가 차단되어 인간이 영적 죽음과 육체적 죽음에 이르게 되었다. 그러므로 아담과 하와로부터 물려받은 원죄(原罪, peccatum originale)가 우리 안에 거하므로 하나님 앞에 모든 사람은 죄인이 되는 것이다. 인간은 이제 죄를 향한 생득적인 적극성을 갖는다. 하나님의 처벌을 면할 수 없는 원죄와는 달리 자범죄(自犯罪, peccatum actuale)는 개별적인 죄의 행위를 뜻한다. 죄로 인하여 인간은 고통가운데 살고 영적인 죽음과 육체적인 죽음을 경험하며 영원한 죽음의 위험에 노출된다.

이처럼 죄에 의하여 분리된 인간과 하나님의 관계를 회복하는 일이 필요하다. 인간은 하나님과 교제할 때 참된 삶을 살 수 있기 때문이다. 이러한 영적 죽음의 상태 안에서 인간은 죄책(guilt)을 느끼며 살아갈 수밖에 없는데 예수 그리스도의 구속행위를 통해서만 이러한 죄책이 제거될 수 있다. 사도 바울은 죄와 죽음의 관계를 다음과 같이 설명한다.

> "너희가 죄의 종이 되었을 때에는 의에 대하여 자유로웠느니라. 너희가 그 때에 무슨 열매를 얻었으냐 이제는 너희가 그 일을 부끄러워하나니 이는 그 마지막이 사망임이라. 그러나 이제는 너희가 죄로부터 해방되고 하나님께 종이 되어 거룩함에 이르는 열매를 맺었

으니 그 마지막은 영생이라 죄의 삯은 사망이요 하나님의 은사는 그리스도 예수 우리 주 안에 있는 영생이니라."(롬 6:20-23)

그렇다면 예수 그리스도를 이르는 명칭에는 무엇이 있는가? 먼저 '예수'(Jesus)는 히브리어 여호수아(Jehoshua)와 예수아(Jeshua)의 그리스어명이다. 여호수아는 '여호와의 도움 혹은 구원'을 의미한다. 마리아와 정혼한 요셉에게 나타난 천사는 예수의 의미를 설명한다.

"다윗의 자손 요셉아 네 아내 마리아 데려오기를 무서워하지 말라. 그에게 잉태된 자는 성령으로 된 것이라. 아들을 낳으리니 이름을 예수라 하라 이는 그가 자기 백성을 그들의 죄에서 구원할 자이심이라."(마 1:20-21)

둘째 예수에 이름에 따라 붙는 '그리스도'는 그리스어 '크리스토스'와 라틴어 '크리스투스'에서 유래한 명칭이다. 히브리어 '마쉬아흐'를 그리스어로 번역한 용어로 "기름 부음 받은 자"를 뜻한다. 유대사회에서 왕과 제사장, 선지자가 기름 부음을 받았는데, 신성한 직분을 임명한다는 의미를 지닌다. 그러므로 '예수 그리스도'(Jesus Christ)라는 이름은 예수가 유대인과 인류가 고대하던 '메시아'임을 드러낸다.

'예수'와 '그리스도'라는 칭호 외에도 「다니엘」(7:13)에서 메시아의 인성을 강조하는 인자(人子), 하나님의 후사와 대표자를 의미하는 '하나님의 아들', 여호와와 아도나이의 번역어로서 승귀된 인격을 표현하는 '주'(Kurios) 등의 용어가 사용된다.

2. 예수 그리스도의 인성과 신성

예수 그리스도는 참된 인간(vere homo)인 동시에 참된 하나님(vere deus)이다. 인성과 신성을 함께 갖고 있다는 양성의 교리는 성서에 다양한 근거들로 지지된다. 예수의 인성을 지나치게 강조하는 그리스도 인간설이 한 때 크게 유행하였다. 반면에 신적인 그리스도를 지나치게 강조하며 인간적인 예수를 간과하기도 한다. 그러나 사도 바울은 예수의 인성을 다음과 같이 밝힌다.

> "그러므로 한 사람으로 말미암아 죄가 세상에 들어오고 죄로 말미암아 사망이 들어왔나니 이와 같이 모든 사람이 죄를 지었으므로 사망이 모든 사람에게 이르렀느니라. 죄가 율법 있기 전에도 세상에 있었으나 율법이 없었을 때에는 죄를 죄로 여기지 아니하였느니라. 그러나 아담으로부터 모세까지 아담의 범죄와 같은 죄를 짓지 아니한 자들까지도 사망이 왕 노릇하였나니 아담은 오실 자의 모형이라 그러나 이 은사는 그 범죄와 같이 아니하니 곧 한 사람의 범죄를 인하여 많은 사람이 죽었은즉 더욱 하나님의 은혜와 또한 <u>한 사람 예수 그리스도</u>의 은혜로 말미암아 선물은 많은 사람에게 넘쳤느니라."(롬 5:12-15)

예수는 보통 인간처럼 혈과 육을 지닌 존재로서 고난을 겪었다. 인간의 성장과정을 거치며 지혜와 키가 자랐다. 예수는 육체 안에 거할 때 핏방울과 같은 땀을 흘리며 기도하였고 하나님께 심한 통곡과

눈물로 간구와 소원을 올렸다. 우리는 약함과 고통 속에서 인간 예수를 발견한다.

더불어 성서에는 예수 그리스도의 신성을 나타내는 구절도 적지 않다. 초인적인 메시아의 이미지를 담고 있는 「히브리서」 1장은 하나님의 아들을 정의의 주로 나타내며 하나님 우편에 앉아 있는 것으로 묘사한다. 공관복음서에서 예수는 치유와 기적을 행하고 신적인 권위를 지니며 율법과 선지자를 완성하러 왔다고 선포한다. 예수는 인자로서 세상에 죄를 사하는 권능을 보여 주었고 병자들을 고치고 심지어 죽은 자를 살렸다. 「요한복음」 1장은 하나님과 신재하는 예수가 말씀으로 표현되며 「히브리서」는 대제사장으로서 승천하신 예수, 하나님의 아들, 영원한 구원의 근원으로 나타난다. 예수의 행적은 다음과 같이 요약된다.

> "맹인이 보며 못 걷는 사람이 걸으며 나병환자가 깨끗함을 받으며 못 듣는 자가 들으며 죽은 자가 살아나며 가난한 자에게 복음이 전파된다 하라 누구든지 나로 말미암아 실족하지 아니하는 자는 복이 있도다."(마 11:5-6)

3. 한 분 예수 그리스도

예수 그리스도는 범죄를 저지른 인간처럼 한 인간으로 인류의 고통을 체험하며 형벌을 당하였다. 인간의 연약함과 타락한 상태까지 낮아지셨지만 무죄한 인간이셨기 때문에 인류를 위하여 속죄할 수 있었다. 인성과 함께 예수 그리스도는 신성을 가짐으로 인류를 가르치고 죄로부터 해방시키고 하나님의 명령에 순종하였다. 인성과 신성의 결합으로 범죄를 저지를 수 없었다. 인간 예수가 신성을 얻은 것이 아니라 하나님의 독생자가 인성을 입은 것이다.

451년 칼케돈공의회는 예수의 인성과 신성이 결합하여 단일한 위격을 이룬다는 신조를 다음과 같이 선포하였다.

> "교부를 따라서 우리는 하나의 일치 안에서 한 분이시며 같은 아들 우리 주 예수 그리스도를 고백하도록 가르치는데, 그는 신성에 있어서 완전하시며, 동시에 인성에 있어서도 완전한 분이시고, 참으로 하나님이심과 동시에 참으로 인간이시며, 또한 이성적 영혼과 육체를 가지고 계시며, 그의 신성에 있어서는 성부와 같은 본질(homoousios)을 지니고 계시며, 그의 인격에 있어서는 우리와 같은 본질을 지니고 계시는데, 죄로부터는 떨어져 있으나 모든 측면에서 우리와 같으시고, 그의 신성에 관해서는 역사 이전에 아버지로부터 출생하셨고, 그러나 그의 인간적 출생에 관해서는 우리와 우리의 구원을 위해 하나님의 어머니(Theotokos)인 동정녀 마리아에게 나셨다. 한 분이시고 동일한 그리스도, 성자, 주님, 하나님의 외아들이신 그는 두 가지 본성(nature)으로 인식되는데, 혼돈 없이, 변화 없이, 구분 없이, 분리 없이 계신 분이며, 본성들의 차이는 결합으로 인해 결코 없어지지 아니한다. 오히려 각 본성의 특징은 보존되고, 한 인격과 생존을 형성하기 위하여 함께 오며, 두 인격으로 분리되거나 나눠짐 없이 한 분 같은 성자요 독생자이시며, 말씀, 하나님, 주 예수 그리스도시며 이와 같은 사실은 심지어 가장 최초의 예언자도 그에 관하여 말씀하셨고, 우리 주 예수 그리스도 자신이 우리에게 가르치셨고, 교부들의 신조로도 우리에게 전승되고 있다."

예수 그리스도는 성육신 사건을 통하여 하나님 아들의 위격 안에서 신인(神人)의 양성을 지닌다. 이 양성은 결합되거나 혼합되지 않으며 분리되거나 구분되지 않는다. 하나님은 복수형을 불리기도 하였지만 예수는 그러한 적이 없다. 하나님은 예수를 보내 여자에게 태어나게 하셨다. 이러한 양성 때문에 예수의 칭호는 인간적이며 신적이다.

> "하늘에서 내려온 자 곧 인자 외에는 하늘에 올라간 자가 없느니라."(요 3:13)

> "조상들도 그들의 것이요 육신으로 하면 그리스도가 그들에게서 나셨으니 그는 만물 위에 계셔서 세세에 찬양을 받으실 하나님이시니라. 아멘."(롬 9:5)

> "그가 우리를 흑암의 권세에서 건져내사 그의 사랑의 아들의 나라로 옮기셨으니 그 아들 안에서 우리가 속량 즉 죄 사함을 얻었도다."(빌 1:13-14)

성육신 사건으로 예수의 신성에는 근본적인 변화가 일어나지 않으며 그의 연약, 고난, 죽음은 예수가 지닌 인성에 때문에 일어난다. 그러므로 구속 사역은 양성의 협력에 의하여 이루어지지만 구분되지 않는 단일한 위격 안에서 일어난다. 예수는 죄를 범할 수 없으며 예배의 대상이 된다. 이처럼 두 가지 본성이 하나의 인격 속에 연합된 것은 이해할 수 없는 신비이다.

4. 예수 그리스도의 비하와 하강

예수 그리스도는 신분과 상태의 변화를 경험하였다. 영원한 하나님과 함께 한 선재적 신분에서 지상에 성육신한 현세적 신분으로 변화하고 다시 부활하고 승천한 후에 천상적 신분에 이른다. 이러한 상태의 변화를 크게 두 가지 차원으로 나누어 보면, 예수 그리스도는 '비하'(humiliation)의 차원, 즉 하강의 차원에서 성육신하고 고난과 죽음을 경험한 후에 장사지내셨다. 반면에 '승귀'(exaltation)의 차원, 즉 상승의 차원에서는 부활하고 승천한 후에 하나님의 우편에 앉아 계시다가 심판주로 육체적으로 재림하신다.

사도신경(使徒信經, Apostles' Creed)은 예수의 신분 변화를 잘 요약하고 있다.

> "전능하사 천지를 만드신 하나님 아버지를 내가 믿사오며 그 외아들 우리 주 예수 그리스도를 믿사오니, 이는 성령으로 잉태하사 동정녀 마리아에게 나시고 본디오 빌라도에게 고난을 받으사, 십자가에 못박혀 죽으시고, 장사한 지 사흘 만에 죽은 자 가운데서 다시 살아나시며, 하늘에 오르사 전능하신 하나님 우편에 앉아 계시다가, 저리로서 산자와 죽은자를 심판하러 오시리라. 성령을 믿사오며 거룩한 공회와 성도가 서로 교통하는 것과 죄를 사하여 주시는 것과 몸이 다시 사는 것과 영원히 사는 것을 믿사옵나이다. 아멘."

이처럼 예수 그리스도의 성육신은 무한이 유한으로 진입하는 기적이며, 초월적 실재가 역사 속에 구현되는 것이다. 인간의 타락과 원

죄로 인하여 성육신 사건이 요청되는 것이지만 하나님의 계획에 죄와 성육신의 사건이 내포되어 있다. 「요한복음」에서 "말씀이 육신이 되었다"는 표현은 예수 그리스도가 인간의 인격을 취하거나 인간의 육체를 입으신 것이 아니다.

예수의 탄생은 성령이 역사에 개입한 초자연적인 사건이다. 인간적인 행위가 아니라 성령의 활동으로 마리아의 뱃속에 잉태되었으므로 예수는 수태와 함께 성화되어 죄로 오염되지 않았다. 이처럼 예수가 처녀 마리아에게서 태어난 것은 하나님의 기적적인 임재이므로 하나님의 의지로 태어나야 하는 것이다.

예수는 죄인과 더불어 고난의 삶을 살았고 마지막 3년은 그의 고난의 절정을 이루었다. 예수의 고난은 영육의 고난으로 무죄한 절대자가 죄인 가운데 종의 모습으로 살아가면서 그와 제자들에 대한 박해와 배척 및 고독과 증오는 가중되었다. 그는 광야에서 시험을 당했고 겟세마네 동산에서 죽음을 고뇌했으며 골고다 언덕에서 십자가 처형을 당하였다. 「마가복음」은 예수가 받은 시험을 다음과 같이 요약하고 있다.

> "성령이 곧 예수를 광야로 몰아내신지라. 광야에서 사십 일을 계시면서 사단에게 시험을 받으시며 들짐승과 함께 계시니 천사들이 수종들더라."(막 1: 12-13)

「마가복음」과 함께 공관복음서인 「마대복음」과 「누가복음」은 예수가 받으신 세 가지 시험을 보다 구체적으로 제시하고 있다. 순서에 차이가 있지만 내용은 같다.

<예수의 시험 비교>

시험	마태복음 4장	누가복음 4장
1	네가 만일 하나님의 아들이어든 명하여 이 돌들로 떡덩이가 되게 하라.	네가 만일 하나님의 아들이어든 이 돌들에게 명하여 떡이 되게 하라.
2	네가 만일 하나님의 아들이어든 뛰어내리라.	네가 만일 내게 절하면 다 네 것이 되리라.
3	만일 내게 엎드려 경배하면 이 모든 것을 네게 주리라.	네가 만일 하나님의 아들이거든 여기서 뛰어내리라.

이렇게 사탄의 시험으로 시작된 예수의 공생애(共生涯, public ministry)는 하나님나라에 대한 가르침과 병자, 빈자, 소외된 자에 대한 치유 및 기적으로 특징 지워진다. 당시 로마의 식민지였던 유대사회에서 정치와 종교 지도자들은 예수의 등장에 불안해했고 급기야 그를 체포하여 십자가에 처형시켰다.

예수는 십자가의 처형으로 하나님의 아들로 죽음을 경험하였다. 온 인류의 죄를 대속하기 위하여 하나님의 진노를 당하셨던 것이다. 예수가 골고다 십자가 위에서 죽음에 직면하여 말씀하신 가상칠언(架上七言)에 죽음의 의미가 생생히 담겨있다.

<예수의 가상칠언>

말씀	예수어록	성서구절
1	아버지 저들을 사하여 주옵소서. 자기들이 하는 것을 알지 못함이니다.	눅 23: 34
2	내가 진실로 네게 이르노니 오늘 네가 나와 함께 낙원에 있으리라.	눅 23: 43
3	여자여 보소서 아들이니이다. 보라 네 어머니라.	요 19: 26
4	엘리 엘리 라마 사박다니 (나의 하나님, 나의 하나님, 어찌하여 나를 버리셨나이까)	마 27: 46
5	내가 목마르다.	요 19: 28
6	다 이루었다.	요 30: 30
7	내 영혼을 아버지 손에 부탁하나이다.	눅 23: 46

예수는 가죽 채찍을 맞았으며 머리에는 가시관을 썼고 양손과 양발에는 대못이 박혔다. 군병이 창으로 옆구리를 찔러 물과 피를 쏟았다. 예수의 옷을 군인들은 나누어 가졌으며 예수를 벗긴 채로 십자가 위에 매달았다. 예수는 하나님이 자기를 버렸다고 부르짖을 정도로 절망감을 느꼈다.

법정의 판결에 따라 예수는 사형을 받게 되었다. 로마의 재판관 빌라도는 예수의 무죄를 알고 있었지만 예수는 유죄판결을 받아서 당시 가장 무자비한 범죄자와 노예에게 거행되던 십자가형에 처해졌다. 인류를 위하여 저주 받은 죽음을 당하게 된 것이다. 예수의 시신은 십자가에서 내려져 무덤에 옮겨졌다. 그의 장사는 예수가 실제로 죽었음을 확증해 준다. 사도 베드로는 십자가 죽음의 의미를 다음과 같이 기록한다.

> "그리스도께서도 단번에 죄를 위하여 죽으사 의인으로서 불의한 자를 대신하셨으니 이는 우리를 하나님 앞으로 인도하려 하심이라. 육체로는 죽임을 당하시고 영으로는 살리심을 받으셨으니"(벧전 3:18)

5. 예수 그리스도의 승귀와 상승

예수 그리스도는 전지전능하신 하나님의 지위에서 비천한 인간으로 태어나 죽기까지 낮아졌다. 그러나 부활하여 세상에 나타나셨고 승천한 후에 하나님의 우편에 앉아계심으로 승귀(exaltation)의 신분, 즉 상승의 신분을 완성하셨다. 예수의 비하와 승귀, 즉 하강과 상승은 다음과 같이 요약된다.

> "너희 안에 이 마음을 품으라. 곧 그리스도 예수의 마음이니 그는 근본 하나님의 본체시나 하나님과 동등됨을 취할 것으로 여기지 아니하시고 오히려 자기를 비워 종의 형체를 가지사 사람들과 같이 되셨고 사람의 모양으로 나타나사 자기를 낮추시고 죽기까지 복종하셨으니 곧 십자가에서 죽으심이라. 이러므로 하나님이 그를 지극히 높여 모든 이름 위에 뛰어난 이름을 주사 하늘에 있는 자들과 땅에 있는 자들과 땅 아래 있는 자들로 모든 무릎을 예수의 이름에 꿇게 하시고 모든 입으로 예수 그리스도를 주라 시인하여 하나님 아버지께 영광을 돌리게 하셨느니라."(빌 2:5-10)

예수는 죽은 지 사흘 뒤에 다시 살아났다. 자신을 "길이요 진리요 생명"라는 가르친 예수는 스스로 부활하였다. 이 부활사건은 삼위일체 하나님의 역사이기도 하다. 영과 육이 다시 결합되었을 뿐만 아니라 예수는 신적 완전성을 회복하여 승천함으로 다시 죽음을 경험하지 않았다.

그러나 부활사건을 부정하는 설명들이 있었다. 제자들이 예수의 시신을 숨겼다는 허위설, 예수가 죽은 것이 아니라 실신했었다는 기절설, 제자들이 흥분하여 주관적 환상을 혹은 하나님이 제자를 설득하기 위하여 객관적 환성을 만들었을 것이라는 환상설, 고대 근동의 신화에서 부활신화가 유입되었다는 신화설 등이 있었다.

기독교인은 부활사건의 역사성을 믿는다. 예수는 환상이 아니라 육체적으로 부활한 것이다. 이처럼 부활신앙은 십자가 사건과 함께 기독교 복음의 핵심가치이며 교회의 기초이다. 그리스도의 속죄는 죽음으로 끝나지 않고 생명으로 종결되었다. 그리고 부활하신 예수는 제자들이 목격하는 가운데 승천하였다. 이러한 공간이동은 단순히 아래에서 위로의, 땅에서 하늘로의 물리적인 이동을 의미하는 것이 아니다. 승천은 모든 참된 신자의 승천을 예고하는 것이다.

예수는 승천 후에 하나님의 우편에 앉아있다. 왕의 우편에 앉는 것은 통치에 참여하고 명예와 영광을 상징하므로 예수는 하나님의 절대적 권위를 누린다는 신인동형론적 표현이다. 심판하기 위하여 재림할 때까지 예수는 이 권위를 가지고 세계를 다스리며 활동한다. 그리고 영원한 대제사장으로서 신도의 칭의와 성화를 도우며 성령을 통하여 예언사역을 이어간다. 성령 안에서 선지자로서 예수는 신자의 삶과 교회의 사역을 인도한다.

예수 그리스도는 재림하여 인류를 심판한다. 그리스도의 승천 후에 성령이 영적으로 임하였듯이 그리스도는 육체적이며 가시적으로 재림한다는 것이다. 심판자 앞에서 악인은 형벌을 받고 의인은 영광과 복을 받는다. 유대교에서 특정인으로서의 메시아의 도래를 포기하고 평화로운 메시아의 시대를 기다리는 것처럼, 기독교 안에서도 심판자의 재림을 기다리는 대신에 예수가 지상에 윤리적 왕국을 세우러 온다는 견해를 펴기도 한다.

6. 예수 그리스도의 직분

예수 그리스도는 "기름 부음 받은 자", 즉 메시아로서 선지자, 제사장, 왕의 직분을 감당한다.

첫째, 선지자는 하나님의 대리자이며 사자로서 그의 뜻을 해석한다. 선지자는 하나님으로부터 메시지를 받아 전달하도록 파송된 사람이므로, 앞의 일을 미리 예언하기보다는 대언자(代言者)의 성격이 더 강하다. 선지자는 언어, 꿈, 환상으로 받은 내용을 백성들에게 구전으로 전달해야 하는 것이다. 하나님의 뜻을 바르게 전하기 위하여 가르치고 경고하고 약속하며 책망하기도 한다. 형식주의를 타파하고 정의와 진리를 수호한다. 예수는 성육신 이전인 구약시대에도 천사와 선지자를 통하여 예언하였고 성육신 후에는 교훈과 모범으로 선지자로서 활동하였다. 그리고 승천한 이후에는 성령을 통하여 선지자의 사역을 계속한다. 예수 그리스도 자신이 화해의 메시지이며 기독교 계시의 핵심이다.

둘째, 예수는 제사장인 동시에 희생제물이다. 제사장은 인간을 대표하여 하나님 앞에 나아가 인간을 위해 말하고 행동한다. 선지자가 윤리적 의무와 영적인 책임을 강조하지만 제사장은 하나님께 바르게 나가기 위한 의식의 준행을 강조한다. 제사장은 희생제물을 드리며 백성을 위해 기도하고 하나님의 이름으로 축복한다. 「히브리서」는 예수를 명시적으로 대제사장으로 표현하고 있는데, 예수는 인류의 죄를 사하기 위하여 자신이 희생제물이 되었다.[5)]

셋째, 그리스도는 왕으로서 모든 만물을 다스린다. 불의와 폭력이 아닌 정의와 사랑으로 성령을 통하여 그의 백성과 교회를 통치한다. 은혜의 왕국에 참여하는 사람을 인도하고 다스리며 보호한다. 그리스도가 통치하는 왕국은 신자의 마음과 삶에서 성장하는 영적 실체이며 미래에 올 종말론적 실체이기도 하다. 왕국은 무형의 교회로 유형의 교회와 동일하지는 않지만 밀접한 관계를 맺는다. 나아가 중보자로서 그리스도는 우주를 다스리며 교회의 유익을 위하여 만유를 통치하신다.

---

5) 제사를 설명하는 여러 이론들이 있는데, 선물설, 성례적 교제설, 숭배설, 상징설, 속죄설 등이 있다.

□ 함께 생각해 보기

1. '예수' 와 '그리스도' 의 의미를 각각 설명하시오.
2. 예수 그리스도의 신성과 인성이 지닌 특징은 무엇인가?
3. 예수 그리스도의 삶에서 비하와 승귀, 즉 하강과 상승을 비교하시오.
4. 예수 그리스도의 직분은 무엇인가?

제 Ⅲ 부

기독교와 영성생활

제7강 성령은 누구신가?

제8강 교회란 무엇인가?

제9강 나를 알아가는 영성

제10강 나다워지는 영성생활

성령은 누구신가?

1. 성령

우리가 '성령이란 무엇인가?' 라고 묻고 있다면, '성령은 누구신가?' 라고 고쳐 물어야 한다. 성령은 '그 무엇' 이 아니라 '그 분' 이시기 때문이다. '성령이란 무엇인가?' 라고 질문할 때, 우리는 기본적으로 성령을 제한적으로 혹은 왜곡해서 이해하고 있다고 할 수 있다. 성령을 하나님께서 주시는 영적 능력(spiritual power)이나 은사(恩賜, spiritual gift) 즉, 하사품처럼 여기며, 하나님이나 예수님으로부터 파생된 것으로 오해할 수 있다. 예를 들면, "성령 받으라," "성령을 주신다" 는 표현을 강조하고 문자적으로 이해하며, 성령을 '성령의 권능' 이나 '성령의 은사' 와 동일시하곤 한다.

성령(聖靈; the Holy Spirit)이라는 말만 놓고 보면, '거룩한 영' 이라는 뜻이다. 기독교에서 말하는 "영(spirit)" 은 하나님의 '숨' 혹은 하나님으로부터 받은 '살아있는 기운' 으로 우리를 살아있는 존재(생명체)가 되게 하는 것이다(창 2:7). 하나님과의 영적 교제가 있을 때에 영의 존재감이 드러나고, 영이 역동성을 띨 수 있다. 영은 영적 존재인 인간의 본질적 속성을 드러내는 요소라고 할 수 있다. 이렇게 하나의 '영적 존재인 인간' 은 '영(the Spirit)이신 하나님' 과 영적인 교제를 경험하도록 창조되었다. 성령은 '거룩한 하나님의 영' 이시자 '영이신 하나님' 이시다.

2. 성령에 대한 이해

1) 신학적인 이해

성부, 성자, 성령 삼위(三位)의 하나님은 각각의 위격(인격)으로 개별성을 지니시지만, 본질적으로 일체(하나)이시다. 우리는 이를 삼위일체 하나님으로 일컫는다. 기독교 신학은 교회의 역사를 통틀어 오랫동안 성령을 본질상 성부와 성자와 동질적이지 않으며 삼위일체 안에서 종속적인 위격으로 간주해 왔다고 할 수 있다. 즉, 성령을 '성부' 혹은 '성부와 성자' 에 종속적인 위격으로 이해해왔다.

고대교회는 381년에 동방교회와 서방교회의 지도자들이 함께 만든 니케아-콘스탄티노플 신조에서 삼위일체 하나님이라는 신앙적 교리에 대해 '성부는 스스로 존재하고, 성자는 성부로부터 나시고(begotten), 성령은 성부로부터 나오시는 것(proceeded)이다' 라고 정했다. 하지만, 서방교회는 589년에 성경에서 성령을 "그리스도의 영" 으로 설명하는 부분(요 14:26)을 반영하여 기존의 함께 만든 신조를 임의로 수정했다. 기존의 신조(creed)에 "필리오케(et Filioque)" 라는 문구 즉, '그리고 성자(and the Son)' 를 뜻하는 라틴어를 첨부했다. 이로써, 신조에서 성령에 대해 설명하는 문구가 "성부와 성자로부터 나오시고(ex Patre et Filioque procedit)" 로 수정되어, '성령은 성부 뿐 아니라 성자로부터 나오신다' 라고 이해하게 되었다.

그 이후로 이러한 임의적 첨가를 지지하는 서방교회의 입장과 이를 반대하는 동방교회의 입장 사이에 수백 년에 걸쳐 필리오케 논쟁(Filioque controversy)이 이루어졌고, 1031년에 본래의 신조 문구에 "필리오케(et Filioque)" 라는 단어를 첨부한 것을 서방교회가 공식적인 신조로 정했다. 이로 인해 1054년에 동방교회와 서방교회는 결국 서로 분리되었다. 동방교회는 교리적 전통을 중시하며 성부 하나님과 관련하여 성령을 이해하는 입장(요 15:26)을 강조했고, 서방교회는 성서의 가르침을 중시하며 성자 예수님과 관련하여 성령을 이해하는 입장(요 14:26)을 강조했다.

"성령이 성부로부터 나왔다" 는 진술에 "그리고 성자로부터" 라는 문구를 붙여 시작된 필리오케 논쟁에서 서방교회의 입장이 주류를 이루게 됨으로 말미암아 삼위일체 하나님의 세 위격 사이에서 성부와 성자에 대한 성령의 하위의 위치는 더 고착화되었다. 신학적 입장은 기독론 중심으로 기울었고 상대적으로 성령론을 등한시하며 성령의 본질과 기능을 간과해왔다. 성령을 성부와 성자의 시녀 역할로 격하시키며 성령이 "효능의 모드(mode)" 로 간주되었고, 성령을 도움을 주고 지원해 주는 역할로 간주하며 단순하게 이해했다. 이처럼 전통적 서구 신학은 신앙인들로 하여금 성령을 '하나님 그 분' 으로 이해하기 보다는 '하나님으로부터, 혹은 하나님이나 예수님으로부터 나오는 그 무엇' 으로 이해할 만한 여건을 제공했다.

하지만, 몰트만(J. Moltman)을 비롯한 현대신학자들이 신학적, 성서적으로 설명하듯이, 성령은 '삼위일체(三位一體) 하나님(God the Trinity)' 의 한 위격(Person)이시다. 성령은 '성령하나님' 즉, '성령이신 하나님,' '성령님' 이다. "성령" 이라고만 부른다고 해도 이는 하나님을 일컫는 말이다. 성령을 성부하나님이 보내신 것으로 표현할 때, 성령을 주체성과 주도성을 갖고 계신 한 위격으로 이해하기보다는 보냄을 받은 능력이나 파생적인 능력으로 이해하게 된다. 성령은 성부(聖父) 하나님 혹은 '거룩하신 아버지 하나님' 이나 성자(聖子) 하나님 혹은 예수님으로부터 파생되거나 유출되지 않았고 삼위일체 하나님의 삼위 중 한 위격으로 하나님 자신이시다.

2) 성서적인 이해

성경은 성령을 어떻게 묘사하거나 설명하고 있는가? 성경에 나타나는 '성령'의 어원은 히브리어 '루아흐(ruach)'와 헬라어 '프뉴마(pneuma)'가 있다. 이 두 단어는 모두 호흡, 바람, 숨, 입김, 기운 등으로 이해할 수 있다. 성령은 '바람으로서의 하나님,' 혹은, '숨으로서의 하나님'으로 묘사할 수 있다. 구약성서는 성령에 대해 이렇게 이야기한다: "땅이 혼돈하고 공허하며, 어둠이 깊음 위에 있고, 하나님의 영은 물 위에 움직이고 계셨다"(창 1:2), "주 하나님이 땅의 흙으로 사람을 지으시고, 그의 코에 생명의 기운을 불어넣으시니, 사람이 생명체가 되었다"(창 2:7). 위의 성경구절에서 "영"과 "생명의 기운"이라는 말은 히브리어 "루아흐(ruach)"라는 단어이다. 따라서 성령을 '영으로 임재하시는 하나님,' '우리에게 숨(생명의 기운)을 불어넣으시는 하나님'으로 이해할 수 있다.

3) 성령 체험

우리는 '영으로 임재하시는 하나님'을 만나고 하나님의 능력을 체험한다. 이를 성령체험 혹은, 영적 체험이라고 한다. 우리는 감정, 이성, 직관 등을 통해서 성령 체험을 할 수 있는데 성령의 임재를 체험할 수 있는 방식은 다양하다. 개인의 기질적 성향과 정서적 특성, 행동양식, 성격적 성향 등에 따라 차이를 보인다. 그래서 '영이

신 하나님'을 만나는 경험은 독특하게 이루어진다. 이것은 단지 사람의 개성의 차이에 의해서만 나타나는 것이 아니라, 성령의 임재하시는 방식 또한 다양하다. 성령은 "세미한 음성(still small voice)"(왕상 19: 11-13) 가운데 혹은, "세찬 바람이 부는 듯한 소리"(행 2:2) 가운데에서도 임하신다. 또한 성령의 임재는 우리의 상식을 뛰어 넘어 기도, 환상, 꿈 중에 혹은, 하나님의 피조물들을 통해 아주 일상적인 생활 속에서 의외의 방식으로 우리에게 경험된다.

이와 함께 성령이 주시는 은사도 다양하고 그 은사들을 받는 방식도 다양하다. 성령께서 어떤 사람에게는 "지혜의 말씀," "지식의 말씀," "믿음," "병 고치는 은사," "기적을 행하는 능력," "예언하는 은사," "영을 분별하는 은사," "여러 가지 방언을 말하는 은사," "방언을 통역하는 은사"를 주신다(고전 12:8-10). 성령은 이외에도 구하는 사람에게 적절하고 필요한 은사를 주신다(엡 4:7). 우리는 특별한 은사를 받기도 하고, 받은 은사를 사용하지 않거나 잘못 사용하거나 잃어버리기도 한다. 하지만, 이 모든 은사를 주시는 분은 "한 분이신 같은 성령"이시고, 이 은사를 통해서 영광 받으실 분은 하나님이시며, 이 모든 은사를 주시는 목적은 "공동이익" 즉, 공동체 안에서 덕을 세우기 위함이다(고전 12:4-7). 또한, 성령은 이 모든 은사들을 받은 사람들을 "평화의 띠"로 두르시어 하나가 되게 하시고(엡 4:3) 한 마음과 한 뜻을 품게 하신다.

3. 성령의 임재와 능력

1) 구약 – 선지자에게 내주하시는 성령

성령의 강림은 구약성서에서도 나타난다. 구약에서는 성령을 "여호와의 영," "여호와의 신"으로 일컬었다(시34:16; 미3:8; 겔36:27). 미가, 이사야, 에스겔 같은 선지자에게 "여호와의 신" 혹은 "여호와의 영"이 임했고, 이로 인해 선지자들은 하나님의 대변인 역할을 감당하며 하나님의 뜻과 말씀을 전달하는 일을 뜻하는 "예언(豫言)"을 행할 수 있었고 하나님의 "율례(律例)"를 행하며 하나님이 사람들에게 기대하시는 삶을 살 수 있었다. 성령은 하나님의 부르심을 받은 사람들에게 내주(內住)하셔서 그 사람들을 통해 능력을 나타내셨다.

또한, 요엘 선지자는 앞으로 있을 성령의 강림을 예언했다: "그 후에 내가 내 영을 만민에게 부어 주리니 너희 자녀들이 장래 일을 말할 것이며 너희 늙은이는 꿈을 꾸며 너희 젊은이는 이상을 볼 것이며"(욜 2:28). 이제까지는 성령(하나님의 신)의 나타나심이 선지자들, 왕들, 하나님께서 특별한 임무를 맡기신 자들에게 국한되어 있었다. 하지만, '그 때'에는 모든 사람에게 임하신다는 것이다. 예언, 꿈, 환상들은 이제 더 이상 여호와의 선택된 종들에게만 국한된 것이 아니라는 말이다. 이 때를 '그리스도의 영'이 임하시는 때로 이해될 수 있다.

2) 신약 - 모든 신자에게 내주하시는 성령

신약에서는 성령을 "그리스도의 영"(롬 8:9)으로 일컫고 있다. 예수께서 돌아가신 후 오순절 때에 마가의 다락방(the Mark's Upperroom)에 모여 함께 기도하던 한 무리의 예수의 제자들에게 성령이 임(臨)하셨다. 그 이후로 많은 신도들에게 임하셨다. 오순절 이후 지금까지 복음을 받아들이는 사람들에게 내주하셨다. 성령은 복음이 전해지는 곳에서 복음을 받아들이는 사람들에게 생생한 생명의 호흡을 불어넣어 주신다. 예수께서 말씀하셨다: "내가 또 너희에게 이르노니 구하라 그러면 너희에게 주실 것이요 찾으라 그러면 찾아낼 것이요 문을 두드리라 그러면 너희에게 열릴 것이니 구하는 이마다 받을 것이요 찾는 이는 찾아낼 것이요 두드리는 이에게는 열릴 것이니라 … 너희가 악할지라도 좋은 것을 자식에게 줄 줄 알거든 하물며 너희 하늘 아버지께서 구하는 자에게 성령을 주시지 않겠느냐 하시니라(눅 11: 9-13). 여기에서의 '성령'은 성령께서 주시는 생명의 호흡이라고 할 수 있다. 또한 사도바울도 성령이신 하나님이 우리 안에 내주하심을 확인하고 있다(고전 3:16). 하나님을 간절히 사모하며 적극적으로 하나님을 추구하는 사람에게는 누구에게나 성령께서 임하신다.

3) 성령의 능력 – 깨달음과 성찰

성령이 우리에게 내주하시고 우리 가운데 임재하실 때, 내가 누구인지, 하나님이 누구신지 깨닫게 된다. 이러한 깨달음은 우리로 하여금 회개와 성찰, 신앙적 확신, 영적 성숙과 인격적 성숙으로 나아가게 한다. "그리스도의 영"이신 성령은 우리로 하여금 예수 그리스도가 살아계신 하나님의 아들이심을 깨닫게 하고 그리스도를 증언하고 복음의 증거를 나타내게 하신다. 복음서 말씀들이 이를 확인하고 있다: "내가 아버지께로부터 너희에게 보낼 보혜사 곧 아버지께로부터 나오시는 진리의 성령이 오실 때에 그가 나를 증언하실 것이요"(요 15:26), "그러하나 진리의 성령이 오시면 그가 너희를 모든 진리 가운데로 인도하시리니 그가 자의로 말하지 않고 오직 들은 것을 말하시며 장래 일을 너희에게 알리시리라. 그가 내 영광을 나타내리니 내 것을 가지고 너희에게 알리겠음이니라"(요 16:13-14). 또한, 하나님께서는 "눈으로 보지 못하고 귀로 듣지 못한 것들, 사람의 마음에 떠오르지 않은 것들"을 성령을 통하여 우리에게 계시해 주신다(고전 2:9-10). 성령은 우리로 하여금 상식적으로 깨달을 수 없는 진리와 신비들을 깨닫게 하신다. 진리의 영이신 성령은 우리를 모든 진리 가운데로 인도하시어(요 16:13) 복음의 진리 즉, 우리를 향한 하나님의 사랑을 깨닫게 하시고 하나님을 향한 우리의 사랑을 성찰하게 하신다.

4) 성령의 능력 – 담대함과 능력

구약성서에 의하면 모세와 70인의 장로들, 요셉, 사사들, 왕들, 선지자들에게 '하나님의 신'이 임할 때에 그들이 능력을 나타냈다. "그 때에 주님의 영이 삼손에게 세차게 내리 덮쳤으므로 손에 아무것도 가진 것 없이, 그 사자를 염소 새끼 찢듯이 찢어 죽였다"(삿 14:6)는 말씀에서 볼 수 있듯이 사사 삼손에게 성령이 임할 때에 능력이 나타났다. '하나님의 영'이 삼손에게 임할 때, 사자에 대한 두려움이 사라지고 담대함이 생겼다. 스가랴 선지자는 하나님의 영이 주는 능력에 대해 이렇게 이야기한다: "이것은 주님께서 스룹바벨을 두고 하신 말씀이다. '힘으로도 되지 않고, 권력으로도 되지 않으며, 오직 나의 영으로만 될 것이다.' 만군의 주님께서 말씀하신다. 큰 산아, 네가 무엇이냐? 스룹바벨 앞에서는 평지일 뿐이다"(스가랴 4:6-7). 하나님의 영이 임하실 때 산을 평지처럼 보는 담대함이 나타난다.

신약성서도 성령이 임하실 때 능력이 나타남(행 1:8)을 증언하고 있다. 오순절에 다락방에 모여 기도하던 120인의 제자들과 신도들이 성령의 임재를 경험했다(행 2:1-4). 이 일로 그들은 용기 없고 두려움에 사로잡혔던 옛 모습을 뒤로하고 담대함을 얻어 복음 전파의 사역을 감당했다. 성령은 우리에게 당당하고 떳떳하게 말할 수 있는 담대함을 주신다(고전 2:4). 첫째, 밖으로 향하는 담대함이다. 베드로는 성령의 임재를 경험한 후, 자신을 박해하고 옥죄는 산헤드린 공회라고 하는 막강한 권력을 향해 “하나님 앞에서 너희 말 듣는 것이 하나님 말씀 듣는 것보다 옳은가 판단하라 우리는 보고 들은 것을 말하지 아니할 수 없다”(행 4:19-20)라고 말할 수 있는 담대함을 얻었다. 둘째, 안으로 향하는 담대함이다. 성령 충만을 경험한 사도 바울도(행 9:17) “내 지체에는 다른 법이 있어서 내 마음의 법과 맞서서 싸우며, 내 지체에 있는 죄의 법에 나를 포로로 만드는 것을 봅니다”(롬 7:23)라고 고백하며 있는 그대로의 연약한 자기 자신과 대면하며 성찰할 수 있는 담대함을 얻었다.

5) 성령의 능력 - 변화의 생명력

성령은 우리에게 ‘살아있는 기운’을 불어넣어주신다. 이를 통해 성령은 우리에게 생명을 공급해주시고 생명을 유지하게 해주시며 우리의 삶 속에 생명력이 드러나게 하신다. 생명체로써 꿈틀거리며 움직이게 하시고 회복, 치유, 변화를 가져오게 하신다. 우리에게 생기와 활력을 불어넣어주시는 성령은 우리가 환경이나 여건에 압도당하며 가만히 머물러 있거나 얼어붙은 채 뒤로 물러서는 것이 아니라, 끊임없이 움직이며 온선함을 향해 달려가도록 우리 안에서 충동과 열정을 불러일으키신다. 성령은 “지금의 고통들은 우리에게 나타날 영광과 비교될 가치가 없다(롬 8:18)”는 신앙적 확신 속에 현재의 상황 속에서 낙담하거나 실망하지 않고, 새 하늘과 새 땅을 향하여, 새로운 창조를 향하여 끊임없이 나아가도록 우리를 부추기신다. 이런 영적 경험을 통해 우리의 삶이 변할 수 있다.

성령이 주시는 생명력은 세상을 변화시키는 동력으로 작용한다. 성령은 먼저 우리 안에서 '변화'를 통해 영원한 생명을 맛보며 살게 하신다. 성령의 내주하심으로 자기이해와 성찰을 통해 신앙적 자기 정체성이 확고해진다. 이러한 자기정체성 인식은 이제 밖으로 생명력을 뿜어낸다. 성령은 우리의 구체적 삶 속에, 신앙 공동체 안에, 특별한 상황 가운데, 인류의 역사와 자연 속에 임하시며 본질적인 변화를 위해 일하신다. 성령은 개인의 차원, 관계의 차원, 공동체의 차원에서 새로운 창조(new creation)가 이어지도록 우리를 앞장세우시며 역동적으로 일하신다.

사도 바울이 말하듯, 우리가 성령으로 삶을 얻었기 때문에 성령이 인도해 주심을 따라 살아야 한다(갈 5:25). 성령이 우리 안에 내주하시고 우리 가운데 임하시면 우리는 삶 속에서 성령의 능력을 나타내며 성령의 열매를 맺게 된다. 사랑, 기쁨, 평화, 인내, 친절함, 관대함, 신실함, 온유함, 자기절제라는 아홉 가지 삶의 태도를 보이게 된다(갈 5: 22-23). 성령을 통해 우리는 속사람과 겉사람의 변화를 체험하며 영적, 인격적 성숙을 추구한다.

4. 성령의 이미지

1) 바람

성령은 바람처럼 이곳저곳으로 운행하시는 분이시다. 성령은 우리 가운데 마치 바람과도 같이 계신다(요 3:8). 바람은 때로는 무서운 소리를 내며 거세게 불지만 때로는 미동조차 없는 듯 고요하다. 하지만, 분명한 것은 바람이 항상 일고 있다는 사실이다. 바람이 거셀 때는 누구나 바람을 느끼고 바람의 존재를 인식하지만, 잔잔할 때는 쉽게 바람을 느끼거나 인식할 수 없다. 치밀하게 바람 계산을 하는 양궁사수처럼 바람에 민감한 사람은 미풍조차도 느끼며 바람의 존재를 항상 인식한다. 신앙이 깊은 사람은 사람들이 하나님의 부재(absence)를 말하거나, 하나님이 주무신다고 말하거나, 하나님의 손길을 느낄 수 없다고 말할 때에도, 미풍처럼 우리 삶 가운데 임재하시는 성령을 느끼고 인식할 수 있다. 또한, 바람을 직접 보려고만 하기보다는 바람의 영향력을 통해 바람의 임재를 온전히 느낄 수 있다. 성령은 아주 구체적인 삶의 시간과 공간 속에서 우리 곁에 계시는 분이시다. 성령 즉, '영이신 하나님' 을 느끼기 위해서는 우리는 영적 감수성(spiritual sensitivity)이 뛰어나야 한다. 성령과 함께 하는 삶은 영적 감수성이 예민할 때 더 풍성하게 누릴 수 있다. 성령은 공기처럼 우리 가운데 이미 임하시고, 우리가 대기권 안에 항상 머물러 있듯 우리는 성령 안에 온전히 잠기는 경험을 한다. 그럴 때 우리는 내적 확신과 능력, 평안과 기쁨을 얻는다.

성부(聖父) 하나님이 '우리 안의 하나님(God in us),' 성자(聖子) 하나님이 '우리를 위한 하나님(God for us)' 이라면, 성령(聖靈) 하나님은 '우리 곁에 계신 하나님(God with us)' 으로 묘사할 수 있다. 예수님은 '보혜사' 곧 '진리의 성령이 오셔서 자신에 대해 증거 하실 것이라고 말씀하셨다(요 15:26). 성령을 지칭하는 "보혜사(保惠師)"는 변호해주는 사람을 일컫는다. 즉, 영원히 우리 곁에 머무르시는 성령의 속성을 잘 표현하는 말이다. 보혜사이신 성령은 임재 모드(mode)로 '우리 곁에 계시는 하나님(God of with-ing)' 이시다. 그래서 우리에게 깨달음을 주시고(teaching), 격려하시고(encouraging), 힘을 불어넣어 주시고(empowering), 도우시고(helping), 변호하시고(advocating), 상처를 치유하시고(healing), 위로하시고(comforting), 진리로 인도하시는(guiding) 하나님이시다. 우리 옆에 늘 머물러 계신다는 확신만으로도 우리에게는 힘과 위로가 된다.

2) 어머니 하나님

성령은 '엄마의 이미지' 로 우리에게 다가오신다. 어머니는 자녀를 위해 탄식하신다. 자녀들이 잘못된 방향으로 나아갈 때 안타까워 하신다. 자전거를 처음 배우는 아이를 지켜보는 부모의 마음처럼, 혼자서 비틀거리며 나아가는 모습을 안쓰럽게 바라보신다. 하지만 절대 거기에서 시선을 떼지 않으신다. 그리고 넘어지려하면 달려가

붙잡아 주신다. 그리고 넘어질 때에도 같이 아파하시며 일으켜 세워 주신다. 자녀의 모든 상황을 세밀하고 꼼꼼하게 살피신다. 애통하는 마음으로 자녀를 위하여 탄식하시고 슬퍼하시며, 곤경 가운데 있는 자녀를 돌보아주신다.

성령은 우리를 위한 위로자, 변호자이시다. 성령은 자녀들을 돌보고 위로해주는 어머니와 같은 여성적 이미지를 지니신다. 신학자 이정용은 부드러운 어머니로써의 성령의 이미지를 엄격한 아버지의 이미지와 비교하며, 성령의 여성적 이미지를 강조한다. 우리나라의 문화 속에서 아버지에 대한 은유가 유교 사회의 엄격하고 완고한 가부장의 이미지에 의해 뒤틀려 왔기 때문이다. 자녀들 곁에 항상 머물러 있으며 따뜻한 눈길로 바라보는 어머니의 이미지는 우리에게 성령의 이미지로 이어질 수 있다. 바울에 의하면, 성령은 “우리의 연약함을 도우신다. 기도해야 할 때 우리가 어떻게 기도해야 할지 모르지만 성령은 말로 하기에는 너무 깊은 탄식으로 (우리들을 위해) 중재하신다(롬 8:26).” 어머니 하나님이신 성령은 자녀들의 아픔을 안타까워하시며 애끓는 심정으로 함께 아파하신다. 성령은 우리들과 심정으로 통하시고 심정의 차원에서 경험되는 하나님이시다. 어머니가 자녀에 대해 탄식하는 것은 동정심(sympathy)과 감정이입(empathy)의 정서가 모두 있을 때만 가능하다. 자식의 아픔과 괴로움을 바라보며 안타까워하고, 그 아픔과 괴로움의 내용을 몸소 느끼는 경험이 동반될 때 깊은 탄식이 나올 수 있다. 이러한 탄식은 어머니가 자신의 자녀들을 향해 표현할 수 있는데, 성령께서는 우리를 위해 깊은 탄식을 하신다. 아픈 자식을 위해 탄식하시는 어머니의 심정처럼, 성령께서도 곤경과 어려움 가운데 있는 우리를 위해 탄식하신다. 성령은 자녀된 우리들의 아픔과 괴로움을 보며 안타까워하시고 그 마음과 생각을 몸소 느끼시는 어머니하나님이시다.

□ 함께 생각해 보기

1. 신앙인들에게 성령이 주시는 은사와 영적 능력이 왜 필요할까?
2. 내가 가지고 있는 성령에 대한 이미지는 무엇인가?
3. 성령의 임재와 개입을 느끼거나 경험했던 일이 있는가?
4. 성령과 동행한다는 말의 의미는 무엇인가?

교회란 무엇인가?

1. 예수와 하나님의 나라

대부분의 신학자들은 예수의 선포와 사역의 핵심이 '하나님의 나라' 였다는 사실에 큰 이의가 없다. 마가복음에 따르면 예수의 공생애의 출발을 알리는 첫 번째 선포는 "때가 찼다. 하나님 나라가 가까이 왔다. 회개하고 복음을 믿어라"(막1:15)이다. 예수가 제자들에게 가르친 기도(주기도문)에서 "(하나님의)나라를 오게 하여 주시며, 그 뜻을 하늘에서 이루심 같이, 땅에서도 이루어 주십시오"(마6:10)라고 기도할 것을 가르치셨다.

그렇다면 대체 '하나님의 나라' 는 무엇을 말하는 것인가? 예수 자신은 하나님의 나라에 대해서 명확하게 개념적으로 정의하지 않으시고 단지 비유로서 말씀하셨다. 이 세상에 감추인 것, 신비한 것,

그래서 인간의 말로써 직접 지칭할 수 없는 것을 말하는 방식이 바로 비유이다. 예수는 '하나님의 나라는…와 같으니' (마13:44-50), 혹은 '비유로 그들에게 이르시되' 등의 서두로서 하나님 나라를 비유로써 묘사하셨다.

'나라' 라고 번역되어진 그리스어 "바실레이아" (βασiλεια)는 통치를 뜻하는 개념이다. 나라의 구성요소는 영토, 국민, 주권인데, 여기에서 가장 중요한 것이 주권이라고 할 수 있다. '하나님의 나라' 는 '하나님의 뜻이 실현된 곳', '하나님의 통치가 이루어지는 곳' 이다. 이것은 공간적인 개념이기도 하지만 자라나는 씨앗 비유(막4:26-29), 겨자씨 비유(막4:30-32), 밀밭 속의 가라지 비유(마13:24-30) 등에서 보듯이 하나의 상태, 과정을 의미하는 역동적인 개념이기도 하다.

또한 '하나님의 나라' 는 시간적인 관점에서 현재적인 나라와 미래적인 나라로 대별할 수 있다. 미래적인 하나님의 나라는 우리가 죽음 이후에 가는 영원한 하나님의 나라이며, 현재적인 나라는 예수 그리스도에 의에 '이미' 이 땅에서 시작되었지만 '아직 완성되지 않은' 나라이다. 성서에는 이러한 두 가지 의미가 동시에 나타나고 있다. 미래적 의미의 하나님의 나라는 우리가 죽은 후 '(들어)가야' (막9:47) 하거나 '유업으로 받아야' (고전15:50; 갈5:21)하는 나라이며, 현재적인 나라는 이미 이곳에 '임(臨)' (마12:28)하여 우리 가운데 역사하는 나라이다. 바리새인들이 하나님의 나라가 어느 때에 임하느냐고 묻는 물음에, 예수는 "하나님의 나라는 눈으로 볼 수 있는 모습으로 오지 않는다. 또 '보아라, 여기 있다' 또는 '저기에 있다' 하고 말할 수도 없다. 보아라, 하나님의 나라는 너희 가운데 있다"(눅17:20)고 대답하신 데서 그 현재적 의미가 분명하게 드러난다.

여기에서 우리가 분명히 알 수 있는 것은 하나님의 나라는 공간적인 개념인 동시에 하나님의 뜻과 통치가 실현되어지는 과정(過程)과 상태(常態)를 나타내는 개념이다. 하나님의 나라는 장차 우리가 가야할 나라이기도 하지만 현재 이곳에서 이루어지고 있는 나라이며, 개인의 심령에 이루어지는 것임과 동시에 공동체 안에서 이루어지는 나라이다. 그러나 이 나라는 많은 유대인들이 생각하였던 것과 같은, 세상적인 권력과 힘에 의해 이 땅에서 건설되는 정치적인 메시아왕국은 아니다. 이 나라는 이 세상에 존재하지만 이 세상에 속하지 않는 영원한 하나님의 나라이다.

예수의 선포는 이제 자신에게서 시작되는 하나님이 다스리는 새로운 하나님의 나라의 질서 속으로 들어오라는 변화에의 요청인 것이다. 왜냐하면 예수의 말씀처럼 '물과 성령으로 거듭나지 아니하면' 볼 수 없고(요3:3), 들어 갈 수 없는(요4:5) 나라이기 때문이다.

예수는 사람들이 인습적인 이 세상 나라의 삶의 길에서 돌아 서, 새롭게 시작되는 하나님의 나라의 질서와 가치에 합당한 삶을 살 것을 요청하신다. 이 길은 많은 사람들이 찾지 않아서 고독하고 힘든 길일 수 있지만 생명에 이르는 길이며, 가장 기쁘고 복된 길이다. 예수가 가르치시는 하나님 나라의 새로운 질서와 가치는 우리의 관습적인 사고에 충격적인 것일 수 있다. 우리의 일상적인 사고와 습관을 전복(顚覆)시켜 새로운 사고와 질서를 형성시킨다.

예수의 하나님 나라 사역 중 가장 충격적인 사건은 '세리'와 '죄인들'과 '버림받은 사람들'과 식사를 함께 나누었다는 사실이다. 1세기의 팔레스타인에서 누군가와 식사를 함께 한다는 것은 그를 인정하며 그들과 함께 삶(생명)을 나눈다는 것을 의미한다. 그 당시 율법을 지키지 않는 자들에 대한 사회적이고 종교적인 추방의 주된 수단은 그들과 식사를 함께 하지 않는 것이었다. 따라서 예수가 '죄인들'과 '버림받은 사람들'과 식탁공동체에서 '식탁 친교'(table fellowship)를 나눈 행위는 적대자들, 특별히 바리새인들의 입장에서는 비난받아 마땅한 것이었다(막2:16).

그 당시 세리는 로마의 지배하의 이스라엘 백성에게 세금을 걷어 로마에 바치고 그 대가로 부를 누리는 반민족적인 착취자로 취급되었으며, '죄인들'은 대부분 가난하여 생계를 위해서는 율법이 요구하는 바를 지킬 수 없었던 유대종교사회에서 버림받은 사람들이다. 기득권자들의 입장에서는 예수가 그들과 식사를 나누는 것은 그들을 받아들일 수 없는 사람으로 선언한 사회의 질서를 깨뜨리는 행위이나, 세리와 '죄인들'의 입장에서는 자신들도 하나님께 받아들여질 수 있는 존재임을 깨닫게 되는 사건이다. 이는 깨끗한 자/부정한 자, 거룩한 자/속(俗)된 자, 의인/악인의 구별에 근거한 유대 사회의 질서에 대한 도전이며 위협이었다.

바리새인과 서기관들의 비난에 대한 예수의 답변은 명쾌하다:

"나는 의인을 부르러 온 것이 아니라 죄인을 부르러 왔다"(막2:17); "인자는 잃은 것을 찾아 구원하러 왔다".(눅19:10) 누가가 전하는 세 개의 유명한 비유들, 즉 잃은 양을 찾는 목자의 비유(눅15,3-7), 잃은 드라크마(은전)를 찾는 여인의 비유(눅15:8-10), 잃은 아들을 되찾는 아버지의 비유(눅15:11-32)는 예수가 '죄인들'과 함께 먹는다는 비난에 대한 예수의 응답이다. 예수는 다른 비유로도 '죄인들'과 '버림받은 자들'과 함께 하는 자신의 행위를 옹호하고 있다. 포도원의 일꾼들(마20:1-15), 두 아들(마21:28-32), 악한 종(마18:23-35), 그리고 큰 산치(눅14:15-24)의 비유가 그것이다.

예수가 그들을 받아들인 것은 하나님께서 그들을 받아들이셨다는 것으로 이해할 수 있다. 그러한 행위 속에는 '죄인들'과 '버림받은 자들' 즉 그 당시의 종교적 인습적인 법과 지혜가 설정한 기준의 경계선밖에 내몰릴 수밖에 없는 사람들조차 감싸 안으려는 은혜롭고, 자비하신 아버지 하나님에 대한 이해가 전제되어있다.

2. 하나님의 나라 운동과 교회의 탄생

예수에 의해 시작된 하나님의 나라 운동에 위협을 느낀 유대 종교지도사들과 로마의 지배자들이 공모하여 '신성모독'이란 종교적인 이유와 '민중선동과 반란'이란 정치적인 이유로 예수를 처형하였다. 그러나 예수가 십자가에 달려 돌아가신 후 공포에 떨고 있던 제자들에게 놀랍고도 신비한 일이 일어났다.(요20:19) 예수가 죽음에서 부활하셔서 그들에게 나타나신 것이다. 하나님께서 죽은 자 가운데서 그를 다시 살리시고 그를 의롭다 인정하시며 승리를 선언하신 것이다.

예수의 제자들과 초대교회는 부활사건을 경험한 후, 특별히 성령체험 후 (구약)성서를 다시 읽었을 때, 그들은 예수의 죽음은 '하나님의 구원계획'의 일부였음을 깨닫게 되었다. 제자들은 예수가 성서에서 약속하신 그리스도(메시아)이며 하나님의 아들이었음을 고백하게 되었고, 성령강림을 통하여 이 부활하신 분이 지금도 그들 안에 현존(現存)하고 계심을 체험하게 되었다.(행2:1-4) 이러한 체험과 고백을 함께 하는 신앙공동체가 탄생하였는데, 그것이 바로 교회이다. 예수의 하나님 나라 운동은 이제는 교회를 통하여 계승되게 되었다.

교회는 그리스어로 '에클레시아'(ἐκκλησία)이다. 이 말은 본래 '(선택받은) 부름 받은 자들'이란 뜻이다. 교회는 예수 그리스도에 의해 형성된 새로운 계약 공동체란 자의식을 가지게 되었다. 이는 하나님과 모세와의 시내산 계약(출20장)을 갱신하는 것을 의미한다. 이것은 일찍이 예레미야 선지자가 말한 새 계약(렘31:31-33)의 실현이었다. 그들은 이러한 새 계약의 백성으로서 이방인을 포함하여 스스로를 '새 이스라엘' 또는 '하나님의 참 이스라엘'이라고 불렀다. 처음에 유대교 내의 한 분파로 존재했던 그리스도인들은 부활하신 예수가 온 인류의 구세주이심을 선포함으로써 기독교 신앙은 유대교의 협소한 종교적, 지역적 한계를 벗어나 보편적인 성격을 띠게 되었다.

3. '그리스도의 몸'으로서의 교회

바울은 교회를 '그리스도의 몸'에 비유한다. 이 비유는 예수가 부활을 통해 자신의 몸이 곧 성전이 되심(요2:19)을 말하는 것과 일치된다. '그리스도의 몸'이란 비유는 다음과 같은 의미가 있다.

첫째, 교회의 머리되심, 즉 교회의 주인은 예수 그리스도임을 뜻한다. 이러한 고백과 실천이 없는 곳은 단순한 인간의 모임에 불과하다. 모든 인간의 조직과 제도는 주님의 다스림의 도구에 불과하다. 도구 자체가 주인이나 목적이 될 수 없다. 교회의 참된 터는 예수 그리스도이다.(고전3:11)

둘째, 교회는 공동체적인 일치를 지향함을 뜻한다. 한 몸에 많은 지체가 있는 것처럼 교회의 조직과 기능은 다양하며, 이러한 여러 지체가 서로 협력함으로 다양성 속의 일치를 이루어 나간다. 신자는 각자의 은사대로 능력내로 그리스도의 사역에 동참하는 것이다.(고전 12:12-31)

셋째, '그리스도의 몸'은 살아있는 유기체로서 상황 속에서 구체적으로 반응하며 행동함을 뜻한다. 살아 계신 성령의 능력으로 변화와 성장을 하며 하나님의 나라를 확장하는 힘으로 존재한다.

4. 참된 교회의 표지(標識)는 무엇인가?

AD 381년 콘스탄티노플 신조는 “우리는 하나인, 거룩하고, 보편적이며, 사도적인(one, holy, catholic and apostolic) 교회를 믿는다”고 고백하였다. 여기에서 로마 가톨릭이 특별히 중요시하는 것은 교회의 사도(使徒)성이다. 로마 가톨릭은 “또 내가 네게 이르노니 너는 베드로라 내가 이 반석 위에 내 교회를 세우리니 음부의 권세가 이기지 못하리라”(마16:18) 에 근거하여 베드로로부터 교황과 주교들을 통해 이어지는 사도적 계승권을 참된 교회의 표지로 삼았다. 이에 따르면 오로지 교황을 이 세상에 존재하는 그리스도의 대리자로 받드는 곳에서, 따라서 그의 신앙과 도덕적인 사안에 대한 무오류성(無誤謬性) – 1870년 제1차 바티칸공의회에서 확정 – 을 인정하는 곳에서만 그리스도의 참된 교회가 될 수 있다. 보편적이란 바로 이러한 교황 중심의 질서 속에 편입되는 것을 의미한다.

이러한 로마 가톨릭의 주장에 대해 개신교회는 사도적 계승의 정통성은 베드로와 그의 후계자라는 인물에 있는 것이 아니라, 예수님의 이 말씀 전에 한 베드로의 고백 “주는 그리스도시오 살아 계신 하나님의 아들 이십니다”(마16:16)라는 고백에 있다고 본다. 따라서 ‘이 반석’이란 전 후 문맥상 이 고백을 의미한다. 이러한 해석이 초대 교부들 사이에서 일반적인 해석이었다. 그러나 4세기 이래 중세기를 거쳐 ‘반석’을 베드로 자신으로 규정하는 해석이 로마 가톨릭의 공식적인 입장이 되었던 것을 종교개혁이 원래의 해석으로 되돌린 것이다.

종교개혁으로 탄생된 개신교회는 '복음의 순수한 말씀'이 선포되고 '성례전'(Sacraments)이 올바로 집행되는 것을 참된 교회의 표지로 삼았다. 말씀은 크게 계시된 말씀(그리스도)(요1:1; 요1:14; 계19:13), 기록된 말씀(성서) 그리고 선포되는 말씀(설교)으로 나눌 수 있다. 교회는 기록된 말씀인 성서를 성령의 능력 안에서 올바로 해석함으로, 계시된 말씀이신 예수 그리스도를 지금도 살아 계신 예수 그리스도로 선포하는 곳이다. 개신교회가 인정하는 성례전은 세례와 성만찬이다.

세례는 원래 '물로써 씻는 정결의식'인데 자신의 죄를 회개하는 것과 하나님의 용서를 받는 예전이다. 예수 그리스도의 죽으심과 함께 죽고, 그리스도의 부활과 함께 부활하여 새 생명을 얻는 행위이다(롬6:3-4). 세례는 하나님에 의하여 그의 자녀로 삼으시는 거룩한 인(印)침이며, 이것은 그리스도와의 접붙임으로써 새로운 출발을 뜻한다. 세례란 새로운 피조물로 거듭나 하나님의 교회의 일원이 됨을 뜻한다.

성만찬(Lord's Supper)은 예수님의 몸과 피를 상징하는 '떡을 먹고 포도주를 마시는' 예식으로, 예수님이 최후만찬에서 제정하신 것이다(마26:26-30, 막14:22-26, 눅22:19-20, 고전11:23-25). 성만찬을 '거룩한 교제'(Holy Communion)라고도 부르는 데, 이것은 성만찬을 통해 예수 그리스도와 참여자들, 그리고 참여자들 스스로가 하나의 생명공동체가 됨을 뜻하는 말이다. 이 교제는 단순한 친교가 아니라 생명을 함께 하며 삶을 나누는 교제이다. 개신교적인 입장에서 볼 때, 성만찬은 부활하신 그리스도가 (성령으로) '빵과 포도주'에 임재하시며, 이 예식에 참여하는 자는 믿음으로 주님의 '몸과 피'를 받아 영원한 생명을 얻게 됨을 상징한다(요6:53-58). 이에 반해 로마-카톨릭은 빵과 포도주가 성별을 통하여 실제로 예수님의 '몸과 피'로 변한다는 화체설(transsubstantiation)을 주장하며 희생제사의 의미로 성만찬을 이해한다. 개신교에서는 성만찬의 중심은 말씀이며, 말씀과 성찬 참여자의 믿음을 통해 성만찬의 효력이 발생한다고 믿는다.

5. 교회는 무엇을 하도록 부름을 받았는가?

첫째로 교회는 무엇보다 하나님께 예배하도록 부름 받은 공동체이다. 예배는 하나님과 예수 그리스도 안에서 구속함을 받은 자들의 거룩한 만남이다. 허물 많고 경건치 못한 인간에게 베푸시는 하나님의 무한한 은총과 사랑에 대해 하나님께 감사와 찬미와 영광을 드리는 예식이다. 따라서 예배에는 감동이 있어야 한다. 예배는 일차적으로 인간과 인간의 수평적인 관계가 아니라 인간과 하나님과의 수직적인 관계의 만남이다. 예배는 온 몸과 마음과 영혼으로 드리는 전인격적인 헌신이다. 하지만 예배가 수직적인 차원이 우선한다고 하더라도 온전한 예배를 위하여 예배의 수평적인 차원도 배제되어서는 안 된다. "그러므로 예물을 제단에 드리려다가 거기서 네 형제에게 원망들을 만한 일이 있는 것이 생각나거든 예물을 제단 앞에 두고 먼저 가서 형제와 화목하고 그 후에 와서 예물을 드리라"(마 5:23). 이 말씀은 참되고 온전한 예배에 대한 교훈으로 읽을 수 있다.

둘째로 교회는 예수님의 부활의 증인이며, 그리스도의 복음을 전하도록 부름 받은 선교 공동체이다. 전통적으로 전도 혹은 선교는 불신자에게 복음을 전하여 신자가 되게 하는 것을 뜻한다. 복음은 '기쁜 소식, 좋은 소식'을 뜻한다. 즉 온 인류에게 예수 그리스도의 십자가와 부활에 나타난 하나님의 사랑과 죄의 용서를 전하는 것이기에 기쁘고도 좋은 소식이다. 이를 믿도록 전하는 것이 전도요 선교이다. 전도란 개념은 주로 개인적인 '영혼구원'의 차원에서 쓰이며, 선교는 보다 넓은 의미로 교회가 하나님의 도구로서 이 세상 속에서 행하는 총체적인 구원사역을 의미한다. 1952년의 국제선교대회(IMC)에서는, 선교는 개인의 영혼구원과 교회의 확장을 넘어서 구속받은 전 피조물에게 그리스도의 주되심을 증거 하는 포괄적인 목적을 지니고 있음을 천명하였다. 모든 선교는 삼위일체이신 하나님 자신에게 그 근원이 있으며, 교회는 하나님의 선교에 동참하는 것이다. 선교는 인간의 타락으로 시작된 이 역사를 하나님의 나라로 이끌어가며 그 안에서 인간과 하나님, 인간과 인간, 인간과 자연의 관계를 올바르게 함으로써 피조물의 전체가 평화(shalom)로 변하게 하여 창조주 하나님의 영광을 드러내는 것이다.

셋째로 교회는 신자들을 그리스도의 장성한 분량까지 자라도록 교육하도록 부름을 받은 교육공동체이다. 초대교회에서는 특별히 세례자 교육을 중요시했으며, 초기의 신앙고백서와 교리의 형성은 이와 밀접한 관계가 있다. 초대교회가 일찍부터 신앙과 교회 내의 교육의 중요성을 인식하였음이 일종의 교리와 예전과 교회 조직에 관한 교육서인 '디다케'(Didache), 일명 '열두 사도들의 가르침'에서 확인된다. 이러한 전통은 오늘날도 입교(Konfirmation)를 위한 교리문답 교육과 교회학교 교육을 통해 계속되고 있다. 특별히 개혁교회에서는 교육과 관련하여 교회의 법을 어긴 자들에 대한 권징(勸懲)을 신자들의 경건 교육과 치리의 한 방편으로 사용하기도 하였다.

넷째로 교회는 그리스도 안에서 참된 친교를 나누도록 부름을 받은 친교공동체이다. 교회의 친교는 단순한 사교적인 의미가 아니라, 예수 그리스도의 은혜와 하나님의 사랑과 성령의 능력 안에서 이루어지는 친교이다. 초대 교회는 성령의 능력 안에서 하나 되는 체험을 하였다. 행2:43-47절에 묘사된 공동체는 성령의 능력 안에서 하나 된 이상적인 교회의 모습이다. 이 친교는 하나님과 인간과의 관계만이 아니라 그리스도의 사랑과 그의 구속적인 은혜를 필요로 하는 모든 사람들과의 친교를 포함한다. 거기에는 국경도, 인종도, 계급도, 지식도 하등의 관계가 없다. 이것은 예수님이 지상에서 가지셨던 식탁(밥상)공동체의 모습이기도 하며, 이 땅에서 맛보는 영원한 하나님의 나라의 모습이기도 하다.

다섯 번째로 교회는 봉사하도록 부름을 받은 봉사(섬김)공동체이다. 교회는 신자들의, 신자에 의한, 신자를 위한 교회가 아니라, 이웃(타자)을 섬기는 봉사의 공동체이다. 이것은 예수님이 하신 "인자가 온 것은 섬김을 받으려 함이 아니라 도리어 섬기려 하고 자기 목숨을 많은 사람의 대속물로 주려 함이니라"(마20:28)라는 말씀처럼 세상을 섬기는 공동체이다. 이런 의미에서 네덜란드의 신학자 호켄다이크(J. C. Hoekendijk)는 교회의 존재와 의미에 대해서 다음과 같이 말했다: "만일 누군가가 교회가 어디에 존재해야 하느냐고 묻는다면 다음과 같이 대답할 수 있어야 합니다. 즉 자기 자신을 비우고(self-emptying) 자기 자신을 무(無)로 여기는 사람들이 있는 그곳에, 메시아-종을 본받는 전적인 봉사, 그리고 그 봉사를 통하여 십자가를 바라보는 사람들이 있는 그곳에, 그리고 이웃들과의 유대가 설교로만 이루어지는 것이 아니라 실제적으로 구현되는 그곳에 교회가 있습니다. 이렇게 교회가 다른 사람들을 위해 존재함으로써 자체의 정당성과 참 모습을 입증해야 합니다." 교회가 버림받고, 고난 당하고, 상처받은 자들을 돌보고 치유하는 과정 속에서 하나님의 나라는 이 세상 속에서 '겨자씨' 처럼 자라나는 것이다.

예수님이 선포하신 하나님의 나라는 그에 의해 '이미' 시작되었지만 '아직' 완성되지 않았다. 그 하나님의 나라의 완성의 도상에 제도적인 교회가 탄생되었다. 가시적이고 제도적인 교회 자체가 곧 하나님의 나라는 아니다. 교회는 하나님 나라의 도구, 전위대이며, 종말 때에 완성될 하나님의 나라의 지상의 모형이다. 지상의 세노석인 교회는 완전하지 않다. 기독교회의 역사가 보여주듯이 많은 오류를 범한 것도 사실이다. 교회는 하나님의 (선택되어)부름 받은 사람들의 모임이긴 하지만 완전한 인간들의 모임이 아니라, '의인이면서 동시에 죄인' 인 사람들의 모임이다. 예수 그리스도에 대한 믿음으로 하나님으로부터 의롭다 여김을 받았지만, 여전히 죄의 습성에서 자유롭지 않은 '성화' 되어야 존재들이다. 그러므로 교회는 끊임없이 하나님 나라의 빛에서 개혁되어져야 한다.

□ 함께 생각해 보기

1. '하나님의 나라' 는 죽음 이후에만 들어가는 나라인가?
2. 예수가 선포하신 '하나님의 나라' 는 이 세상의 나라와 어떻게 다른가?
3. 교회는 어떻게 탄생되었으며, 그 사명은 무엇인가?
4. 제도적인 교회의 과오에도 불구하고 교회가 거룩한 이유는 무엇인가?

나를 알아가는 영성

1. 현대인의 영성 추구

1) 영적인 위기

오늘날 많은 현대인들은 영적으로 안정감을 느끼기보다는 불안해하며 정처 없이 방황하고 있다고 할 수 있다. 우리에게 안정감을 느끼게 하는 집이 필요하듯 영적인 존재인 사람은 누구나 영적인 집이 필요한데, 영적으로 자신을 노숙자처럼 인식하고 그렇게 경험하는 사람들이 있다. 영적으로 방황하는 사람들은 삶의 역동성과 생명력이 약한 채로 살아간다. 또한, 내적인 평안함, 일상 속에 잦아드는 기쁨과 행복이 결핍되어 있다. 무엇보다도 자신의 정체성 즉, 자기 자신이 누구인지, 왜 살아야 하는지, 어떤 사람이 되어야 하는 시에 대한 무관심과 혼란스러움 속에서 자신의 삶이 표류하고 있음을 인식할 수 있다. 안으로부터 흘러나오는 자연스러움과 자유함, 창의적 적용과 적극적인 실천이 부족하고, 밖으로부터 자신에게 부과되는 부담감과 의무감에 이끌리는 수동적인 신앙생활을 하기 쉽다. 하나님의 임재와 하나님과의 친밀감을 깊이 느끼지 못한다.

2) 종교와 영성의 분리 경험

과거에 교회에 소속되어 신앙생활을 했었지만 지금은 교회를 떠난 사람들, 현재 교회에 소속되어 신앙생활을 하고 있는 사람들, 앞으로 교회에 소속되어 신앙생활을 할 마음이 있는 사람들이 있다. 그런데 이들 중 영성을 추구하는 공동체, 영성 추구에 도움을 주는 모임, 영적으로 안락하게 느끼게 하는 집과 같은 교회를 불편하게 느끼고 있다. 그들은 교회를 떠나 어디에선가 나름대로의 방법으로 영성을 추구하려고 한다. 교회가 교인들의 개성 있는 영성 추구를 제대로 품어주지 못하거나, 교인들이 공동체성을 강조하는 교회에 적응하지 못하거나, 교회 내의 대인관계에서 배신감과 실망감을 경험하는 등의 이유로 자신들의 영적인 집을 잃었다고 할 수 있다. 교회에 소속되어 교인이 되는 일과 영성을 추구하는 일과 더 이상 맥을 같이 하지 않는다고 여기는 사람들이 점차 늘어나고 있다.

3) 영적 배회

영성 심리학자 스티어(D. Steere)는 "영적배회(spiritual homelessness)"를 "지금까지 해오던 (신앙훈련) 방식에 더 이상 매력을 느끼지 못하는, 교회 안팎에 있는 사람들 사이에서 공감되는 마음의 상태"라고 정의한다. 고리타분하고 지루하게 느껴지는 예배와 경건훈련, 적극적이고 주도적인 신앙생활을 강조하지만 자세히 보면 오히려 수동적인 태도, 권위에 순종하는 자세, 내용보다 형식에 가치를 더 두는 분위기가 강조되는 교회 현실을 경험하며 힘들어하는 신앙인들이 있다. 이에 대한 책임은 교회에만 있는 것도 아니고 교인에게만 있는 것도 아닐 것이다. 하지만, 교인들 각자의 신앙적 열정이 부족한 탓으로 돌릴 수만은 없다. 교회가 좀 더 적극적으로 이런 상황을 인식하고 대처할 필요가 있는 것은 분명하다. 그렇게 해야 하는 이유 중의 하나는, 스티어도 말했듯이 교회 밖에서 영적인 집을 가지고 있지 못한 사람들도 있지만, 교회 안에 머물러 있으면서도 그 교회가 자신의 영적인 집이라고 느끼지 못하는 사람들이 적지 않음을 알 수 있기 때문이다.

2. 왜 영성인가?

1) 영성에 대한 관심

최근에 기독교 신앙을 갖고 있는 사람들뿐만 아니라 다른 종교를 가지고 있는 사람들 혹은, 종교가 없는 사람들도 영성이라는 주제에 관심을 갖기 시작하고 있다. 우리나라에서 일고 있는 영성에 대한 적극적 관심을 몇 가지 유형으로 살펴볼 수 있다. 첫째, 기독교의 신앙적 정체성을 공유하는 지식인들 사이에서 자신 안에 있는 영적인 충동을 진지하게 추구하려는 모습이 두드러지게 나타난다. 이런 모습을 반영하는 저서들을 쉽게 찾아볼 수 있다. 둘째, 정서적 경험과 인지적 능력의 중요성을 강조하는 심리상담가들은 내담자와 상담을 하며 상황이 더 개선되거나 치유되지 못하는 한계상황에 부딪히기도 하고, 정신의학자들은 환자들을 진료하며 임상적 접근의 불완전함, 약물을 통한 정신치료가 지닌 한계를 경험하기도 하는데 이런 좌절을 겪거나 한계 상황을 맞이하는 경험들은 그들로 하여금 영성에 눈을 돌리게 한다. 셋째, 구체적인 삶의 상황 속에서 낮은 곳을 바라보며 낮은 곳에 있는 사람들을 섬기며 낮은 곳에 계시는 하나님을 만나며 영성을 추구하는 사람들도 있다.

2) 심리적 욕구와 영적 욕구

20세기에 들어선 이후로 현대인들이 가장 많은 관심을 보이고 기대를 가지고 있는 심리학은 우리로 하여금 기대에 못지않게 심리학 이론의 맹점과 공허함도 경험하게 한다. 특히, 현대정신분석 심리학은 "주관적 자기(subjective object)" 경험, "자기대상(selfobject)" 경험, "상호주관적 교류(intersubjective transaction)" 등을 추구하는 대인관계 경험 즉, 심리적 거울 비추기 경험을 강조한다. 또한 이와 관련하여 참자기 표출, 자기의 회복, 자아실현, 정서적 만족감 등을 추구한다. 하지만, 심리적 거울 비추기 경험은 '나'를 하나의 전체로 온전하게 보려는 인간의 충동과 갈망을 충족시키지 못한다.

심리학의 무의식 탐구, 참자기 표출, 건강한 자아상(self-image), 건강한 자기감(sense of self) 등은 그 자체로 목적일 수 없다. 심리학에서 의미를 두는 자아실현, 통합된 인격, 혹은 평정심 유지 등을 인간 삶의 궁극적 목표라고 말할 수 없다. 미국심리학회 회장을 지낸 심리학자 매슬로우(A. Maslow)는 1943년에 인간 욕구의 5단계를 이야기하며 "자아실현 욕구"를 가장 높은 곳에 위치시켰었다. 하지만, 1970년에 이를 다시 8단계로 설명하며 "초월 욕구" 혹은, "영적 욕구"를 인간의 가장 궁극적인 욕구로 추가시켰다. 심리학적 참자기 표출에 그치는 것이 아닌, 영적 존재인 인간이 본질적으로 추구해야 할 바를 제시해주고 있다. 이 외에도 사회 각계각층의 많은 사람들이 자신들의 독특한 삶의 상황 속에서 여러 한계 상황과 모순, 채워지지 않는 끊임없는 충동과 갈망을 경험하며 나름대로 영성을 추구하려는 노력을 기울이고 있다.

3) 건강한 대안적 영성

기독교인들이 영성에 관심을 갖는 현상은 종교행위에 치중하는 신앙인이 되기보다는 하나님과의 깊은 친밀감을 경험하는 신앙인이 되고자하는 의지를 반영하는 것으로 볼 수 있다. 신앙인들 사이에서 종교가 영성에 '그다지 도움이 안 된다' 혹은 더 나아가 '방해가 된다' 는 인식이 점차 생겨나기 시작했다. 하버드대학교 의대 교수이자 정신과 전문의인 베일런트(G. Vaillant)는 "미성숙한 종교적 신념"과 "성숙한 영적 확신" 이라는 표현을 사용하며, 강령과 교리문답에 이끌리는 종교는 모방적이고 외부로부터 나오는 반면 영성은 "나의 능력, 희망, 경험" 에서 나오는 것으로 이해했다. 또한, 베일런트는 종교가 정해진 불변의 도그마(dogma; 교리)를 수반하기에 이론화와 경직성을 심화시킨다고 주장하며, 종교적 신념에 치우친 신앙인들의 모습이 지닌 제한성을 지적한다. 이에 비해, 영성은 상징적인 메타포(metaphor)를 수반하기에 다양하게 해석될 수 있고, 역동성과 생명력을 드러낼 수 있기에 유연성, 자발성, 상상력, 창의력을 촉진시킨다고 했다. 이런 의미에서 우리의 신앙은 각자의 독특한 상황에 적절화되고 구체적으로 적용되며 내실화에 힘을 기울여야 할 것이다. 베일런트의 말대로, 성숙한 영성은 구체적인 삶 속에 변화라는 열매로 나타날 수 있을 것이다.

우리 시대의 종교와 영성의 분리 현상과 영적 배회 현상을 극복할 대안이 필요하다. 최근 우리나라에서 일고 있는 교회 안팎의 영성에 대한 관심의 증대와 많은 영성 관련 저작들, 영성훈련과 프로그램의 활성화는 대안적 운동으로 부를 수 있다. 교회의 신학적, 교리적 가르침과 신앙 교육과 경건훈련이 많은 현대인들의 영성에 제대로 응답하지 못하고 그들의 영성생활에 효율적으로 도움을 주지 못하는 현실을 인식하며, 오늘날 교회에서 나타나는 세속화 현상, 종교적 경직성, 교리 중심성, 생동감 없는 모방성, 무의미한 반복성을 경험하며 생겨나는 영적 배회현상에 대한 대안으로서 영성에 대한 깊은 관심이 생겨나고 있다.

3. 나는 누구인가?

영성에 대한 접근 방식에 좀 더 신중할 필요가 있다. '영성은 무엇인가?' 라고 물으며 영성에 접근하고자 할 때, 인지적 차원의 깨달음에 그치고 말 수 있다. 대신에 '나는 누구인가?' 라는 물음은 우리로 하여금 깊은 내면적 성찰과 깨달음, 삶의 역동성과 생명력으로 들어가게 할 수 있다. '나' 를 하나의 전체로 온전하게 보고 알고자 하는 충동과 능력을 영성으로 이해할 때, '나' 를 이해하는 일이 선행되어야 할 것이다. 자기이해는 사람이 지닌 두 개의 '나' 라고 할 수 있는 '남과 다른 나'와 '남과 같은 나'를 보고 알아가는 일로 볼 수 있다.

1) '남과 다른 나'

사람은 저마다 개별적이고 고유한 성격인 개성(個性; character)을 지니고 있다. 각자가 지니는 개성을 '남과 다른 나'로 일컬을 수 있다. 이는 다른 사람들과 구별되는 그 사람만의 색깔이라고 할 수 있다. 소아과 의사이자 정신분석가인 위니캇(D. Winnicott, 1896-1971)은 자발적인 성향을 지닌 참자기와 반응적인 성향을 지닌 거짓자기에 대한 연구를 통해 참자기와 거짓자기와 어떻게 건강하게 통합될 수 있는지 설명했다. 우리가 거짓자기의 표출 없이 참자기만 표출하며 살 수는 없지만 거짓자기가 아닌 참자기가 주도하는 삶을 살 때 역동성과 생명력을 가지고 살아갈 수 있다. 사람은 각자의 "참자기(true self)"를 지니고 있고 이런 참자기가 표출되는 삶에서 개성이 제대로 드러날 수 있다. 개성은 남들과의 차이를 드러내주는데, 이런 차이는 절대적인 가치를 지닌다. 개성에 상대적인 가치가 부여된다면 차별(discrimination)이 되는 것이고, 절대적인 가치가 부여될 때 구별(distinction)이라고 할 수 있다. 대량으로 만들어져 가격표가 붙여질 수 있는 상품(商品)이 아니라 가격표가 붙여질 수 없는 고귀한 작품(作品)이 지니는 절대적 가치처럼, 저마다가 지니는 개성은 존중받고 축하받아야 마땅하다. 이 차이는 '나' 자신의 가치를 인식할 수 있는 근거가 된다. 사도바울은 하나님께서 우리에게 주신 은혜에 따라 우리가 받은 선물이 각각 다름을 이야기한다(롬 12:6). 개성은 하나님이 우리 각자에게 주신 선물로, '남과 다른 나' 라고 할 수 있다. 성시에서 예수께서는 겉과 속이 다른 사람을 위선자로 지칭하여 책망하시며, 겉처럼 속도 깨끗해져 진실하게 속을 밖으로 드러낼 것을 권면하신다(마 23:25-28). 거짓으로 자기를 꾸며내지 않고 온전하게 참자기가 표출되는 사람을 언급하기도 하신다(요 1:47).

참자기가 건강하게 표출되어 개성을 잘 드러내는 사람은 자존감(self-esteem)이 견고해서 주변의 영향이나 변화에 의해 쉽게 흔들리지 않는다. 또한, 자발적이고 자연스럽고 꾸밈없음(spontaneousity), 창의성, 지속성, 안정성, 견고함을 지니고 있다. 하지만, 어떤 사람들은 각자의 개성을 제대로 드러내지 못한 채 몰개성화를 경험하며 살아가기도 한다. 즉, 참자기가 위축된 채 거짓자기가 삶의 주도권을 쥐고 이끌어가기도 한다. 심한 경우에는 자신의 참자기를 전혀 인식하지 못하여 인정하지 않기도 하고 거짓자기를 참자기로 착각하기도 한다. 우리 안팎에는 '나' 로 하여금 참자기를 표출하지 못하여 개성을 드러내지 못하게 하는 요인들이 있다. '나' 를 나답지 못하게 만드는 요인들을 탐색해야 한다. 그리고 그것들을 약화시킬 때, 우리 각자의 개성은 역동성을 띨 수 있다.

2) '남과 같은 나'

'남과 같은 나'에 대한 인식은 하나님형상(Image of God)을 보는 것으로부터 시작된다. 하나님께서는 하나님형상대로(in God's image) 하나님닮음을 따라(after God's likeness) 사람을 만드셨다(창 1:26). 이로써 사람은 하나님과의 관계성 속에 존재하기 시작했고, 존재의 의미가 있으며, 존재의 목적을 지니게 되었다. 모든 사람들이 지니는 공통적인 근원성을 하나님형상에서 찾을 수 있다. 또한, 사람은 하나님형상을 간직하고 있고 하나님닮음을 추구하는 거룩한 존재가 되었다. 신학자 케어른스(D. Cairns)는 "하나님닮음은 타락해서 잃어버렸지만 하나님형상은 오늘날까지 모든 사람들안에 남아있다."고 설명했다. 하나님형상이 우리 안에 남아있기에 하나님닮음(likeness to God)은 회복될 수 있다. 신학자 홀(D. Hall)이 말하듯, 하나님형상은 우리가 "지닌 어떤 것"이기보다는 우리가 "시작하게 되어있는 영적 운동"이며, "하나의 과정이고 몸부림"이다. 그래서 "image of God(하나님형상)"보다는 "imaging God(하나님형상 살기)"라는 말이 하나님형상의 역동성을 더 잘 표현한다. 우리 삶의 청사진(靑寫眞)인 하나님형상은 하나님닮음으로 현상(現象)된다고 묘사할 수 있다.

사람은 하나님형상의 담지자인 거룩한 존재이다. 또한 하나님형상은 '내'가 누구인지를 온전하게 보여주기 때문에 영적 거울이라고 할 수 있다. 우리가 하나님형상이라는 거울을 볼 때 두 가지를 인식할 수 있다. 첫째, 내가 온 곳(출발점)을 인식할 수 있다. "나는 누구인가?(Who am I?)" 라는 질문은 '나는 하나님 아버지의 형상을 입은 피조물(creature)이다' 라는 자의식으로 이어진다. 우리는 '나' 의 존재론적 본성을 하나님과 '나' 와의 깊은 관계 위에서 인식한다. 둘째, '내' 가 갈 곳(도착점)을 인식한다. "나는 어떤 사람이 되어야 하는가?(Who am I supposed to be?)" 하는 질문은 '나는 하나님 아버지를 닮아가야 한다' 라는 인식으로 이어진다. 우리는 '나' 의 현상학적 본성을 '내' 가 추구하는(혹은, 추구해야 할) 하나님과의 관계의 방식, 관계의 경험, 관계의 질(quality)을 통해 인식한다. '남과 같은 나' 즉, 하나님형상이라는 거울을 볼 때, 어떤 사람이 되어야 하는 지를 보고, 수시로 하나님형상이라는 거울을 보며 하나님의 성품, 하나님의 거룩성을 닮아가고 있는 지 점검하고 확인한다.

'나' 의 존재론적 본성을 추구하며 '나' 를 보고 '내' 가 누구인지 깨닫는 일은 우리 자신을 나무에 비유하여 설명할 수 있다. 첫째, '나' 자신을 나무에 비유한다면, '나' 라고 하는 나무가 어떤 종류의 나무인지를 아는 일이고, '나' 라고 하는 나무의 뿌리가 어디로 뻗쳐있고 어디에 맞닿아 있는지 아는 일이다. '나' 는 '하나님형상이 깃든 나무' 이고, '나' 는 하나님이라는 땅 속에 뿌리를 두고 하나님이라는 바탕 위에 서있으며 하나님이라는 대지(토양)와 맞닿아있다. 둘째, '나' 라고 하는 나무는 '하나님형상 나무' 이기 때문에, 하나님형상의 모양(likeness to God)대로 자라나고 하나님형상의 열매를 맺는다. 하나님의 성품과 거룩성을 점진적으로 드러내가며, '하나님형상 나무' 답게 자란다. 이로 인해 남들이 '내' 가 '하나님형상 담지자(擔持者; God's Image-bearer)' 라는 것을 알 수 있게 된다.

기독교 초기 사막의 수도자 안토니(St. Anthony, 250-353)는 영성을 "인간성이 온전히 하나님형상" 으로 승화되는 것으로 이해했다. 그가 추구했던 하나님과의 합일(合一)은 "존재론적 합일이 아니라 성품적이고 의지적인 합일" 로 인격의 성숙을 통해 삶 가운데 성령의 열매를 맺고, 그리스도를 닮아가며 하나님형상의 완전한 상태를 회복하는 것이다. 기독교 초기 동방교회의 닛사(Nyssa)라는 지역의 스승이었던 그레고리(St. Gregory of Nyssa, 335-395)는 영성의 목표인 '하나님의 성품에 참여하는 신앙인의 완전함' 에 대해 "하나님형상에 진정으로 가까워지고 신적 인격에서 벗어나지 않는 자는 자신 안에 구별되는 흔적들을 지니게 되고 모든 것에서 자신의 원형과 일치를 보이게 된다" 라고 설명했다. 위에 거론된 기독교 초기의 교회 스승들은 '남과 같은 나' 즉, 하나님형상이 구현되어 하나님의 성품을 드러내며 하나님닮음을 이루어가는 삶을 영성으로 이해했다.

4. 영성 추구

"1) '나'를 온전히 보기"

'나'의 참자기('남과 다른 나')과 하나님형상('남과 같은 나')을 모두 온전히 보고 인식하는 모습이 영성을 추구하는 삶에 요구된다. 참자기는 우리 안에서 우리가 지닌 육체성의 표출과 함께 발달하기 시작한다. 우리의 육체성은 우리의 사고나 감정, 직관으로 표현될 수 있다. 우리 인간은 불완전하고 제한적이고 허물이 있는 육체성을 가지고 살고 있고 하나님형상은 그런 육체성 안에 간직되어 있다. 즉, 하나님형상의 구현은 우리의 육체성을 통해서 이루어진다. 또한 하나님의 임재나 하나님과의 친밀감도 우리의 육체성을 통해서 경험된다. 우리의 육체성은 하나님의 거룩성함이 전달되는 통로이고 하나님과의 친밀감을 경험할 수 있는 수단이라고 할 수 있다. 통로나 수단이라고 할 수 있는 우리의 육체성이 온전할 때, 하나님형상의 구현도 온전하게 이루어질 수 있을 것이다. 그렇기 때문에, 하나님형상의 온전한 구현을 위해 진지한 육체성 표출이라고 할 수 있는 건강한 참자기 표출에 관심을 기울여야 할 것이다.

우리에게는 자아를 제대로 보고 인식하지 못하게 하는 내적, 외적 요인들이 있고, 또한 우리가 지니고 있는 하나님형상을 제대로 보고 인식하지 못하게 하는 내적, 외적 요인들이 있다. 이로 인해 우리는 참자기를 제대로 추구하지 못하고, 하나님형상을 온전히 구현하지 못한다. 영성 훈련은 우리가 참자기와 하나님형상을 볼 수 있도록 우리 시야를 가리고 있는 요인들을 탐색하고 약화시키는 일을 포함한다. 이를 통해 참자기와 하나님형상을 보려는 충동이 우리 안에 일어나야 한다. 또한, 참자기를 구현하며 개성을 표출하고, 하나님형상을 개성에 맞게 구현하며 하나님닮음을 추구할 수 있어야 한다.

사도 바울은 신앙인들이 추구해야할 궁극적인 영적 상태를 이렇게 묘사한다. "지금은 우리가 거울로 영상을 보듯이 희미하게 보지마는, 그 때에는 얼굴과 얼굴을 마주하여 볼 것입니다. 지금은 내가 부분밖에 알지 못하지마는, 그 때에는 하나님께서 나를 아신 것과 같이 내가 온전히 알게 될 것입니다(고전 13:12)." 지금은 서로의 관계에서 하나님형상이 희미하게 드러내고 희미하게 보고 있다. 하지만 그 때에는 사람과 사람이 마주하며 서로의 내면을 선명하게 반영하여 마치 서로를 투명한 거울로 인식하여 서로에게서 '하나님형상'을 선명하게 보게 된다. 우리가 다른 사람의 모습 속에서 볼 수 있는 '하나님형상'은 '남과 같은 나'이다. 즉, '나'('남과 다른 나')는 다른 사람에게서 '나'('남과 같은 나')를 보는 경험을 할 수 있다. 깨끗한 거울이 만나서 서로를 비추면 투명한 거울로 경험되어, 서로에게서 '남과 같은 나'를 볼 수 있다. 투명한 거울보기 경험은 영성추구의 궁극적인 모습이라고 할 수 있다.

2) 영성: 나를 온전히 보려는 충동

우리는 자신을 하나의 전체로서 온전히 보고 싶은 욕구를 가지고 있다. 우리는 다른 사람들을 통해 자신의 내면을 볼 수 있다. 이런 의미에서 다른 사람들은 '내'가 어떤 사람인지를 보여주는 심리적 거울이라고 할 수 있다. 하지만 심리적 거울이 '나'의 내면을 온전하게 보여주지는 못한다. 거울을 통해 '나'를 온전히 보려는 욕구가 온전하게 충족되지 못하듯, '나'의 진짜 자아를 온전하게 반영하는 심리적 거울(사람)에 대한 갈망도 충족되지 못한다. 여러 부류의 심리적 거울들을 만나지만, 그들은 온전하게 '나'의 내면을 보여주지 못하고 우리를 실망시킨다. 그럼에도 불구하고 우리는 더 완전한 거울을 기대하며 추구한다.

'나'를 온전하게 볼 수 있는 유일한 방법은 하나님형상이라는 영적 거울을 보는 것이다. 하나님은 우리가 자신을 온전히 볼 수 있는 방법을 우리 안에 숨겨놓으셨다. 그리고 우리는 본래적으로 그 숨겨진 하나님형상을 찾고 보려고 하는 충동을 지니고 있다. 하나님형상은 내 안에 깃들어 있고 다른 사람들에게도 깃들어 있다. 우리가 하나님형상을 볼 수 있도록 하나님형상(하나님형상을 입은 사람들)을 곳곳에 보내주셨다. 이런 점에서 하나님형상은 하나님의 자기노출(Self-disclosure), 계시(Revelation)라고 할 수 있다. 우리의 영적 감수성이 발달하면 하나님형상을 볼 수 있고 이를 통해 하나님의 임재를 느낄 수 있다.

'나'를 온전하게 보려는 충동은 어디에서 올까? 영성은 '나'를 온전하게 보려는 충동과 갈망을 우리 안에서 불러일으킨다. 성경에 기록된 "주 하나님이 땅의 흙으로 사람을 지으시고, 그의 코에 생명의 기운을 불어 넣으시니, 사람이 생명체가 되었다."(창 2:7)라는 구절은 우리에게 영성의 의미를 가르쳐준다. 영성이란 하나님이 우리에게 불어넣어주신 '숨'이자 '생기(생명의 기운)'이다. 우리로 하여금 생명을 지니게 하고 생명력을 띠게 하는 힘이라고 할 수 있다. 영성은 역동성을 띠어 우리로 하여금 하나님형상을 보려는 충동과 갈망을 준다. 하나님형상을 보며 '나' 자신의 정체성을 깨달았다면, 이제 그 하나님형상을 '나'의 삶 속에서 구체적으로 드러낼 때 하나님형상이 의미와 가치를 지니게 된다. 영성은 우리의 삶이 생명력을 뿜어내는 삶을 향해 나아가도록 우리를 부추긴다.

□ 함께 생각해 보기

1. '나'를 하나의 전체로서 온전하게 보려는 충동을 느껴본 적이 있는가?
2. '나'는 '나'를 어느 정도나 알고 있는가?
3. '나'의 참자기를 건강하게 표출하고 개성을 충분히 드러내며 살고 있는가?
4. 하나님형상을 어떻게 보거나 느낄 수 있는가?

나다워지는 영성생활

1. 영성과 영성생활

영성이란 하나님이 우리에게 불어넣어주신 '숨'이자 '생기'로서 우리가 지니는 영적인 충동이며, 우리가 드러낼 수 있는 영적인 능력이다. 우리 안에 들어온 '하나님의 숨'은 "사람을 사람답게 하는 것"이고 "하나님형상을 닮은 존재로 만드는 힘"이다. 영성(하나님의 숨)은 성령(숨이신 하나님)의 도움으로 역동성이 발휘될 수 있다. 영성은 우리에게 "see and seek(보기와 추구하기)" 즉, 우리로 하여금 하나님형상을 보게 하고 하나님닮음을 추구하게 할 수 있다. 영성 생활은 '내' 안에 있는 '생명의 기운' 즉, 영성이 성령하나님께 이끌려 역동성을 띠는 삶이다. 거룩한 충동으로서의 영성은 '나'로 하여금 하나님형상을 보고, 사명을 깨닫게 한다. 영성이 긴깅한 사람은 성령의 임재와 능력을 경험하며 하나님이 주신 사명을 이루는 삶을 살게 된다. 우리는 '하나님형상 담지자' 가 지니는 온전한 가능성을 발휘하도록 부름 받았고(요1 3:2) 우리 안에서 이루어질 그리스도의 형상을 이루어가야 한다(갈 4:19). 이러한 삶을 통해 하나님 닮음이 추구된다. 영적 거울인 하나님형상을 보며 우리는 '나' 의 근원과 '나' 의 사명을 본다. 하나님형상 담지자인 '나' 를 온전히 인식하고, 하나님형상을 보며 '내' 가 어떤 존재인지, 무엇을 해야 하는 존재인지 깨닫고, 또 그렇게 되게 하는 능력이 바로 영성이다.

영성생활은 점진적으로 '나' 를 하나의 전체로 온전하게 보고 '나' 다워지는 길로 나아가는 것이다. '남과 다른 나' (개성)와 '남과 같은 나' (하나님형상) 둘 모두에 있어서 '나를 보기' 와 '나 다워지기' 를 추구한다. '남과 같은 나' 가 '남과 다른 나' 를 통해 표현되고 구현되는 삶이다. '남과 같은 나' 를 보는 일은 하나님형상이라는 영적 거울을 보는 일이다. 우리는 영적 거울을 보며 하나님형상을 입은 거룩한 존재인 나를 보고, 내 삶의 청사진을 볼 수 있다. 영적 거울을 온전히 보는 일은 '나' 자신의 사명에 대한 인식을 수반한다. 출 3:1-13에서 모세는 하나님의 소명대로 호렙산으로 올라가 떨기 가운데서 이는 불꽃 속에서 하나님을 만나며 자기사명을 깨달았다. 그 후 모세는 자기 민족을 이끌고 가나안으로 출발하는 사명을 행동으로 옮겼다. 하나님은 하나님형상을 통해 하나님을 드러내는 사명을 주시며 우리 한 사람 한 사람을 부르셨다. 바울이 에베소서 4장에서 말하듯, 하나님의 부르심에 합당하게 이 사명을 이루며,

"나의 나다움"을 추구할 때, 우리는 하나님형상을 살아낼 수 있다.

2. 영성생활의 방법

1) 개성을 통해

영성형성을 하나님과의 관계 속에서 규정된 '나' 자신의 정체성 발견에서 시작하여 "근원적 자기다움"을 이루어가는 과정으로 이해할 때, 이 삶은 각자의 개성에 의해 독특하게 이루어진다. 영성생활은 '나'의 개성만을 추구하는데 그치는 삶이 아니고, '나'에게 깃든 하나님형상을 남의 개성을 통해 구현하는 삶도 아니며, '나'에게 깃든 하나님형상이 '나'의 개성을 통해 구현되는 삶이다. 건강한 영성생활은 자아실현도 아니고, 남들을 모방하여 흉내 내는 신앙생활도 아니며, 하나님이 '나'에게 주신 독특한 선물인 개성을 통해 하나님형상을 구현하는 삶이다. 신앙인은 참자기를 건강하게 표출하며 개성을 드러낼 수 있어야 한다.

2) 성령의 개입

영성이라는 말은 '성령의 지도 아래에 이루어지는 삶의 모습' 혹은, '성령과의 생생한 관계성'을 의미한다(고전 2:10-16). 성령은 우리의 영성생활에 창의성과 역동성, 변화의 생명력을 일으키신다. 성경읽기를 통한 영성 추구라는 측면에서 본다면, 성령의 개입은 해석과 적용의 창의성, 구체성, 적절성이라는 모습으로 나타난다. 성령께서 주시는 지혜와 감동에 이끌리며, '기록된 하나님 말씀'을 '살아있는 하나님 말씀'으로 경험할 수 있다. 욥기에 그려지는 욥의 삶 속에서 자기 주도적이고 창의적 영성 추구, 하나님과의 깊은 만남, 그리고 삶의 변화를 엿볼 수 있다. 탕자의 비유(눅 15: 11-32)에서 작은 아들의 자기 주도적이고 창의적 영성 추구, 아버지와의 깊은 만남, 그리고 이어지는 삶의 변화는 큰 아들의 삶과 대조적이다. 큰 아들은 수동적이고 의존적이며 형식적인 영성추구의 모습을 보였으며 삶의 변화가 없었다. 영성생활의 과정에서 성령의 개입은 지속적으로 경험되고, 성령은 지속적인 영성추구를 가능하게 하신다.

영성생활은 '숨이신 하나님'과 더불어 살며 함께 호흡을 나누는 삶이다. 이러한 삶은 성령과 호흡을 잘 맞추며 사는 삶, 성령과 마음이 잘 맞고 손발이 잘 맞는 관계로 묘사할 수 있다. 영성생활이 지향하는 것은 우리 안에 성령이 내재하심으로 하나님이 자신의 형상대로 우리 사람을 만드셨을 때의 모습으로 다시 형성(formation)되는 것이다. 이 과정 속에서 성령은 우리 안에 내주하시며 우리로 하여금 변화된 삶의 증거에 관심을 갖게 하신다. 이를 통해 자신의 회개의 열매, 기도의 열매, 성령의 열매를 점검하도록 우리를 이끄신다.

3) 영성 훈련을 통해

참자기 표출을 방해하고 하나님형상을 온전히 보지 못하도록 영향을 주는 요인들을 탐색하여 약화시키는 훈련이 필요하다. 영성훈련은 우선 자기이해에서 출발한다. 자기 자신과 직면하며 자기를 보고 알 수 있는 훈련이다. 이를 보기(look at) 차원에서 이루어지는 자기관찰(self-monitoring)이라고 할 수 있다. 자기 이미지와 하나님 이미지 형성에 영향을 주는 요소로는 부모대상 경험들, 성장 환경, 사회문화적 영향, 신앙경험 등이 있다. 특히, 부모이미지는 자기 이미지 뿐 아니라 하나님 이미지에도 영향을 준다. 부정적인 하나님 이미지를 가지고 있다면 하나님형상을 보고 싶은 충동이 약해지거나 왜곡되게 일어날 수 있다. 그러므로 우리 자신의 부모이미지와 자기이미지, 하나님이미지에 대한 탐색이 필요하다.

또한, 영성훈련은 들여다보기(look into) 차원에서 이루어지는 자기성찰(self-examination)로 이어진다. '나'를 더 깊이 보는 것이고 '나'의 너머를 보는 것이다. 우리의 양심(죄), 의식(마음, 생각, 감정)을 되돌아보며 이루어진다. 첫째, 자기성찰은 자기 자신을 바라보며 '내' 인격을 비추어보는 일이다. '나'의 인격을 구성하는 요소들과 그 요소들 간의 상호작용을 보고, 개성이 드러나고 참자기가 표출되는 것을 방해하는 요소들을 탐색해야 한다. 시편 기자는 "내 영혼아, 네가 어찌하여 낙망하느냐?(시 42:5)"라는 표현을 통해 '나'를 분리, 상대화, 객관화하여 들여다보며 자기성찰을 하고 있다. 둘째, 자기성찰은 주위 사람들을 바라보며 이루어진다. 심리적 거울 역할을 하는 다른 사람들을 통해 '나' 자신을 보며 성찰할 수 있다. 다른 사람들의 신앙과 삶의 모습 속에서 하나님 형상을 보며 우리 자신을 성찰할 수 있다. 셋째, 자기성찰은 하나님을 바라보며 이루어진다. 자기성찰은 하나님과의 거울비추기라고 할 수 있는데 이를 통해 우리는 영적 성숙과 인격적 성숙에 이를 수 있다. '완벽한 거울' 이신 하나님께 반복적이고 지속적으로 '나' 를 비추어볼 때, '나' 의 '영적 거울' 과 '심리적 (인격적) 거울' 은 더 선명해질 수 있다. 성경은 우리자신을 비추어보는 거울이 되고 기도는 완벽한 거울이신 하나님 앞에 서서 우리 자신을 보는 일이다. 하나님을 바라보며 경험하는 자기성찰은 우리에게 더 분명하고 구체적인 깨달음을 주고 이를 통해 우리의 영적 여정을 더 강하게 이끄시는 성령의 능력을 체험할 수 있다.

3. 건강한 영성생활

1) 성숙한 사랑으로 가는 영성

중세시대의 신비주의 수도사 버나드(St. Bernard of Clairvaux, 1090-1153)는 사람에게 하나님형상은 보존되어 있고, 하나님닮음(모양)은 상실된 것으로 이해했다. 그래서 하나님형상을 회복하여 그리스도를 닮아가는 것이 신앙인의 삶임을 강조했다. 하나님형상은 하나님이 주신 것이지만 '내' 안에 깃들어 있기에, 하나님형상을 추구하며 하나님을 사랑하는 것을 '나' 자신을 사랑하는 것으로도 이해할 수 있다. 버나드는 4단계의 사랑을 언급하며 하나님과의 합일을 향해 성장해 나아가는 과정을 설명했다. 네 단계의 사랑을 1) 자신의 유익을 위하여 자신을 사랑함(Love of self for one's own sake), 2) 자신의 유익을 위하여 하나님을 사랑함(Love of God for one's own sake), 3) 하나님의 유익을 위하여 하나님을 사랑함(Love of God for God's sake), 4) 하나님의 유익을 위하여 자신을 사랑함(Love of one's self for God's sake)으로 구분했다.

첫째, 자신의 유익을 위하여 자신을 사랑하는 단계는 사람의 자연스러운 모습으로, 자아실현을 이루려는 태도에 가까운 것으로 이해할 수 있다. 참자기를 표출하며 개인적인 차원에서 만족과 행복을 추구하는 삶은 자신의 유익에 집중하는 모습이라고 할 수 있다. 이 단계에서 사람들은 자신의 의지, 노력, 능력의 한계를 깨닫게 된다. 이 단계는 하나님을 바라보지 않고 자신만을 바라보는 것으로 묘사할 수 있다.

둘째, 자신의 유익을 위하여 하나님을 사랑하는 단계는 겉으로는 하나님을 사랑하는 모습이지만 궁극적으로는 사랑에너지가 자신을 향해 투자되는 것으로 볼 수 있다. 실버스타인(Shell Silverstein)이 지은 『아낌없이 주는 나무(The Giving Tree)』에 등장하는 어린 소년이 나무를 사랑하는 방식이라고 할 수 있다. 이 소년은 나무를 사랑하기는 하지만 나무에게서 항상 얻어갈 궁리만하고 자신의 필요만 채우려는 태도를 보인다. 이기적인(selfish) 사랑이라고 할 수 있다. 하지만, 우선은 이런 초보적인 단계의 하나님 사랑이 있을 때에 더 성숙한 단계의 사랑으로 나아갈 수 있다. 이 소년은 나무의 도움이 필요하고 나무를 의지하고 싶어 나무를 자주 찾아간다. 이처럼 하나님의 도움을 기대하고 의지하며 하나님 앞에 자주 나아가게 된다. 이 단계에서는 하나님과의 친밀감을 느끼기는 하지만 자신을 향해있는 자기애적(narcissistic) 친밀감 경험이라고 할 수 있다. 하나님을 살짝 비껴가며 자기유익을 향해 나아가는 모습이다. 이 단계는 하나님을 똑바로 보기보다는 곁눈질로 바라보는 것으로 묘사할 수 있다.

셋째, 하나님의 유익을 위하여 하나님을 사랑하는 단계는 하나님을 중심으로 이루어지는 삶이라고 할 수 있다. 하지만, 자신을 제대로 돌보지 못하는 모습이라고도 할 수 있다. 하나님과의 영적 교통만을 생각하며 다른 사람들과의 교제, 자기 자신의 돌봄과 사귐에 소홀해질 수 있다. 『아낌없이 주는 나무(The Giving Tree)』에서 나무가 소년을 사랑하는 방식과 비슷하다. 소년을 향한 나무의 자기희생적(selfless) 사랑을 떠올리게 한다. 사람은 하나님과의 신비적, 영적 체험만으로는 살 수 없다. 예수님의 말씀을 적용한다면, 사람이 떡으로만 살아서는 안 되지만 떡이 없이는 살 수 없다. 하나님과의 깊은 친밀감을 경험하며 영적인 열정은 넘쳐나지만 사람의 육체성에 대한 자의식이 부족한 상태라고 할 수 있다. 이 단계는 자신은 미처 보지 못하고 하나님만을 똑바로 바라보는 것으로 묘사할 수 있다.

넷째, 하나님의 유익을 위하여 자신을 사랑하는 단계에서 우리는 하나님과의 더 깊은 친밀감으로 나아가면서 하나님을 바라보고 하나님도 '나'를 바라보고 계신다는 깨달음을 얻을 수 있다. 우리가 하나님과의 관계에서 상호적인 반영을 통해 하나님과의 합일을 경험할 수 있다. 하나님에 대한 깊은 사랑을 통해 우리의 육체성에 대한 자각, 육체성의 한계에 대한 수용, 자기돌봄에 대한 하나님의 뜻을 깨닫게 된다. '내'가 주님 안에 거하며 주님이 '내' 안에 거하심을 느끼고 경험할 수 있다. 이 단계는 '내'가 하나님을 똑바로 바라볼 때 하나님께서도 '나'를 똑바로 바라보시는 것이고, 그런 하나님의 시선으로 '나'를 바라보는 것으로 묘사할 수 있다.

하나님형상은 하나님께서 주신 것이기에 하나님께 속한 것이면서 동시에 '내' 안에 깃들어 있기에 '나'의 것이라고도 할 수 있다. 우리 안의 하나님형상은 우리의 개성을 통해 표출된다. 하나님형상을 주신 하나님을 사랑하는 일과 하나님형상을 담고 있는 '나'를 사랑하는 일은 서로 분리될 수 없고 분리되어서도 안 된다. 하나님형상을 밖으로 내보내는 통로가 다름 아닌 '나'이기 때문이다. 우리는 하나님 사랑과 자기 사랑을 통합할 수 있어야 한다. 우리의 영성생활은 마지막 단계의 성숙한 사랑의 상태를 향해 나아가야 한다.

2) 나다움의 영성

'나다움' 의 근거는 하나님형상이다. 영성은 하나님으로부터 받아서 우리 전존재에 어려 있는 '하나님을 추구하려는 충동' 이며 동시에 '하나님닮음의 사명이 실현할 수 있는 능력' 이다. '나다움' 은 우리의 개성과 환경을 통해서 우리가 독특하게 이루어간다. '다움' 의 여정에는 항상 비움과 채움이 함께 한다. '나다움' 으로 가는 길에서 '나' 에게 계속해서 덧씌워지는 가장(假裝)을 벗어내야 한다. 그렇게 해서 비워내면 또 성령께서 주시는 충동과 능력으로 채워진다. 비움과 채움은 시간적 순서로 혹은 도식적으로 이루어질 수 없다. 예수께서 자신을 비우신 일을 일컫는 희랍어 "케노운(kenoun; 비우다)" 이라는 말이 있다(빌 2:7). 이 말의 어원적 의미는 통을 거꾸로 뒤집어서 그 안의 내용물이 완전히 쏟아져 나오게 하는 것이다. 사람의 마음에 그렇게 회화적인 표현이 적용될 수는 없다. 오랜 기간에 걸쳐 채워지고 덧씌워진 것들이 한 순간에 비워지기 어렵다. 사람은 한 순간에 모든 기억, 습관, 감정을 쏟아내 버릴 수 없기 때문에, 온전하게 비울 수도 없거니와 비워도 그 채워졌던 자국이 남는다. 비움은 끝 없는 과정으로 이해할 수 있다.

채움 역시 한 번에 온전히 이루어지는 것이 아니다. 한 번 성령께서 주시는 감동과 능력으로 채워졌다고 하더라도 어느 순간에 영성은 역동성을 잃고 메마른 사막을 지나가는 경험을 할 수 있다. 영적 체험을 한다고 해도 이전의 모든 기억이나, 습관이나, 경험, 편견,

버릇이 한 순간에 고쳐질 수 없다. 영적 체험은 영성생활의 한 부분이고, 영성형성은 생의 마지막 순간까지 계속 이어진다. 영적 채움을 통해 한 순간에 모든 것이 온전해진다고 믿고 싶을 때, 우리는 영적 체험을 절대화하게 된다. 비움과 채움의 경험은 절대화될 수 없고, 비움과 채움의 방법 또한 절대화되어서는 안 된다. 그리고 비움과 채움은 다움을 향해 있는 과정으로 일상적이고 반복적이며, 또한 지속적이고 규칙적인 훈련의 내용이다. 비움과 채움의 영성훈련은 자신과 세상을 향한 '다움'의 과정이라고 할 수 있다.

영성형성은 '나'의 구체적 삶의 영역에서 펼쳐진다. 희랍에서 시작된 개념인 "아파테이아(apatheia; dispassion; 마음의 평정)"는 영이 "육에 속박당하지 않고 죄의 지배에 들어가지 않으며 성령 안에서 안식"하는 상태로 기독교 영성에서 설명되었다. "성령의 능력으로 정욕에서 자유하게 되어 맑아져 투명해진 영혼의 순결"로 묘사되기도 한다. 하지만, 개인적인 차원에서 아파테이아에 이르는 데 만족하거나, 아파테이아를 관계성 속에서 하나님형상 구현을 향한 역동성과 무관하게 이해한다면 진정한 기독교 영성이라고 할 수 없을 것이다.

기독교 영성의 '나다움'은 하나님형상을 확인하는(affirming) 일로 시작된다. 이어서 '나다움'은 각자의 고유한 삶의 상황 속에서 하나님형상을 적절화하는(appropriating) 일로 이루어진다. 영성생활에서 종교는 기본적으로 신앙인들의 영성을 지탱하고 양육한다. 교회는 영성형성을 위한 공동체, 종교 의식, 종교적 상징, 은혜의 수단을 제공하며, 신앙인들은 교회를 통해 개인적인 영성 추구의 위험성을 줄이고, 영적 지도자들을 통해 영성형성을 확인 받고 지지와 인도를 받을 수 있다. 또한 영성생활은 '함께 가는 영적 여정(journey together)' 이다. 관계 속에서, 공동체와 더불어 영성생활이 이루어져야 한다. 영성생활은 개인적 차원에서 거룩하고 경건한 방식으로 뿐만 아니라, 공동체적인 차원에서 협력이나 조화를 통해 일상적인 삶의 상황 구체적이고 독특한 방식으로 이루어진다.

3) 되돌아보는 영성

우리나라의 많은 신앙인들은 "성령 세례"로 시작되는 영적 체험을 통해 영적 역동성을 체험하며, 삶의 변화와 교회의 성장을 경험했지만, 많은 경우에 충분한 "성찰의 기회"를 갖지 못했다. 이전의 영적 체험의 상태를 그리워하며 "뒤돌아보기(backward look; 회상)"에 더 치중했고, "되돌아보기(reflection; 성찰 혹은 되새김)"에는 소홀했다. '뒤돌아보기' 는 과거의 영적 체험을 그리워하는 것이며, 이를 통해서는 단지 과거의 하나님의 임재 경험을 회상할 수는 있어도, 더 깊은 영성으로 나아가기는 힘들다. '되돌아보기' 는 하나님의 임재와 은혜, 그리고 그 경험에 대한 나의 반응을 곱씹으며 내 것으로 온전히 소화시키는 것이고 이를 통해 더 깊은 영성으로 나아갈 수 있다. 영적 체험과 함께 사명을 깨닫고 새로운 결심을 했다면 그것이 '나' 의 개성과 현실적 상황을 반복적이고 지속적으로 만나며 구체적인 삶으로 구현되는 체험이 반드시 있어야 한다. 이를 '영적인 반추(反芻)' 로 표현할 수 있다. 하나님을 만나고 얻은 깨달음과 결심이 삶 속에서 행함으로 이어지게 하려면, 우리 몸이 음식물을 온전하게 소화하고 흡수하듯 자기성찰을 통해 영적 체험을 되새김질하고 삶 속에서 지속적인 적용과 변화를 통해 온전하게 체화(embodiment)시키는 것으로 이해할 수 있다. 그럴 때 영성생활은 삶의 변화라는 생명력을 드러내게 된다. 반면, 이런 과정이 이어지지 못한 채, 영적 체험을 단지 과거의 좋은 추억이나 이력으로 여기며 뒤돌아본다면 영성생활은 제자리걸음을 하거나 뒷걸음질 치게 된다. 우리나라의 주된 영성생활 형태는 영적 체험에 치중하며 영성 형성을 상대적으로 소홀하게 여겨왔다. 그 결과로 많은 경우에 그 영적 체험이 더 깊은 영성으로 나아가는 경험을 하지 못했다.

영성은 각자의 개성에 걸맞게 각자의 삶의 환경과 문화 속에서 추구되고 형성된다. 그렇기에 영성 탐구는 하나님형상을 '나' 의 삶의 환경이나 상황, 문화적 환경에 적절화하려는 노력이다. 영성형성의 방법은 개인이 처한 환경이 저마다 다르기 때문에 다양할 수밖에 없다. 영성형성의 방법이 영성을 말하는 절대적 기준이 될 수 없다. 영성 수련 방법의 절대화 역시 적절하지 못하다. 하트(T. Hart)는 독선적인 가르침이나 훈련은 "맹목적인 순종(blind obedience)" 을 낳는다고 지적한다. 이는 기본적으로 영성에 대한 올바른 이해가 부족하기 때문에 생겨나고, 영성지도에서 지나친 힘의 불균형과 권위주의, 교만함으로 나타난다. 기관으로부터 부여받는 권위, 개인의 영적 체험에서 생기는 권위 모두가 영적권위 남용의 위험성에 노출되어 있다. 하나님께서 저마다 주신 독특한 문화와 개성은 영성을 추구하기 위한 가장 적절한 도구임을 인식하고 다양성과 상이성을 존중할 때, 특정한 영성수련 방법을 절대화하지 않게 되며 영적 권위남용의 위험성에서 벗어날 수 있다.

4) 즐거운 영성

우리나라 기독교는 경건훈련과 신앙생활에서 엄숙함을 지나치게 강조하여 경직됨으로 이어지기도 한다. 엄숙함이 경직됨으로 이어진다면, 여기에서 살아있는 창의성이 나오기 힘들다. 하나님을 닮아가는 삶은 성령께서 주시는 자유와 상상력을 갖추고 창의적으로 이루어지고, 우리의 참자기 표출과 개성과 만난다. 욥기에서 욥은 친구들과 주변 사람들의 강요 속에서도 자기만의 길로, 자기만의 독특한 방식으로 '나다움' 을 추구했다. 영성의 역동성과 생명력은 '개성을 통한 다움' 의 과정에서 발산되는 창의성과 구체성에서 나타난다. 욥기에서 그려지는 욥의 영성생활은 인간다움, 솔직함을 표방한다. 영성생활의 기본적 분위기는 비장함이 아니라 자유함이다. 이는 가슴벅차오름과 설레임, 뿌듯함, 생생함, 열정과 활력, 놀라움, 변화의 생명력 등으로 나타난다. 기독교 영성은 엄숙하고 무거운 분위기보다는 명랑하고 편안한 분위기를 가져와야 하고, 침울함보다는 발랄함을 드러내야 한다. 영성을 추구하는 삶에는 창의성, 생생함,

즐거움, 삶의 변화가 수반된다. 인간은 하나님이 주신 거룩성을 인간의 자리에서 인간의 육체성을 통해 표현하도록 지음 받았다. 하나님은 우리를 육체성을 가진 존재로 만드셨다는 분명한 자의식 위에서 영성추구가 이루어져야 한다.

중세 수도원주의 영성운동은 금욕과 절제, 은둔, 고행을 강조함으로 말미암아, 상대적으로 육체성을 통한 즐거움에 대한 제한된 이해를 발전시켰다. 육체라는 감옥에 갇힌 영혼을 구해내고 보호하려는 데 치중했다. 인간 전존재의 기저인 영성이 점차 인간의 감정, 육체성, 관계성을 배제하고 왜곡하는 결과를 가져왔다. 육체로 경험되는 즐거움을 소홀히 여기며, 추상적으로 경험되는 즐거움에 치중하여 그것만이 영성탐구가 가져다주는 것이라고 이해해왔다. 사람이 지닌 육체성, 현실성에 덜 관심을 기울였고, 점차 현재적 즐거움에 대해 간과하고 현재적 즐거움을 경험하는 통로에 대한 관심도 부족했다. 인류 역사 속에서 하나님의 창조, 성육신사건, 교회를 세우신 일 등과 같이 하나님이 하시는 모든 일은 사람의 눈높이에 맞추어져 있다. 사람의 육체성과 현실성에 맞추어져 있다. 하나님은 사람의 감정, 감각, 직관, 의식으로 감지할 수 있도록 자신을 계시하시고 또한 일하신다. 영성생활의 기본적 기소는 즐거움이고 즐거움의 통로는 사람의 육체성임을 인식해야 할 것이다.

□ 함께 생각해 보기

1. 나는 자기관찰, 자기성찰을 어떻게 실천하고 있는가?
2. 나는 버나드의 사랑의 단계에서 어느 단계에 있고 어느 단계를 향해 나아가고 있는가?
3. 나에게 가장 적절한 영성 추구의 방식은 무엇인가?
4. 나는 나의 영성생활에서 어떻게 즐거움을 경험하는가?

제 Ⅳ 부

기독교와 사회

기독교와 사회적 책임

1. 기독교의 사회적 책임의 근거

기독교는 이 땅의 사회, 정치, 문화와 별개로 존재하는 종교가 아니라 역사적 종교이며, 사회적 관심과 사명을 강조하는 종교이다. 기독교는 영(靈)과 육(肉)을 분리하지 않으며, 교회와 사회를 분리하지 않는다. 그 예로, 야고보서 1장 27절에서는 “하나님 아버지 앞에서 정결하고 더러움이 없는 경건은 곧 고아와 과부를 그 환난 중에 돌아보고 또 자기를 지켜 세속에 물들지 아니하는 이것이니라”고 기록하고 있는데, 이 구절은 신앙과 사회생활이 일치해야 할 것을 보여주는 것이다. 성서는 처음부터 이웃에 대한 관심, 즉 이 사회에 대한 관심을 가질 것을 요구한다. 구약성서를 보면, 하나님이 인간을 창조하시고 “생육하고 번성하여 땅에 충만하라”(창 9:1)고 명령하셨는데, 이 명령 자체가 창조질서를 따라 이 세상을 이끌어야 할 사회적 책임을 말해주는 것이다. 그리고 이사야, 예레미야, 에스겔 등과 같은 구약시대의 예언자들을 통해 사회적 약자를 억압하고 착취하며, 불의를 행하는 왕과 나라들에게 하나님의 공의를 선포함으로 사랑과 정의의 공동체를 이 사회 속에 구현하고자 하였다. 그 예로, 이사야 42장에서 '하나님의 종' 을 '세상에 공의를 세울 사람' (사 42:4)으로 묘사하고 있으며, 아모스 1장과 2장에서는 약자들에게 악행을 행하는 이방 족속들도 하나님께서 심판하신다고 선포함으로써 하나님은 이스라엘 민족 뿐 아니라 모든 사회에 대해서 정의와 평화를 요구하고 있음을 볼 수 있다. 또한, 미가서 6장 8절의 "사람아 주께서 선한 것이 무엇임을 네게 보이셨나니 여호와께서 네게 구하시는 것이 오직 공의를 행하며 인자를 사랑하며 겸손히 네 하나님과 함께 행하는 것이 아니냐"는 말씀은 하나님의 관심이 이 세상과 모든 사회에 있음을 말해주는 것이다.

또한, 성서에는 사랑과 정의로운 사회 구현을 위한 구체적인 사회적 실천 지침이 제공되었다. 예를 들면, 살인에 관한 법, 상해보상법, 재산관계법, 노예보호법, 안식년과 희년법, 약자보호법 등이 그것이다. 신약성서에 예수께서 제자들을 향해 '세상의 소금과 빛이 되라' (마 5:12-16)고 말씀하신 것에서도 이 사회에 대해 책임을 질 것을 강조하고 있으며, 예수 그리스도의 구원의 범위가 한 개인만이 아니라 이 사회와 온 세상만물의 회복까지 포함한다. 이러한 관점에서 20세기 순교자인 독일신학자 본회퍼(Dietrich Bonhoeffer)는

"타자(他者)를 위한 교회"(Kirche für die andere)라고 하는 새로운 교회관을 제시하였다. 이는 교회가 타자를 위해, 세상을 위해, 그리고 하나님 나라를 위해 존재한다는 것이다. 이는 교회는 하나님의 나라와 세상을 섬기기 위한 사명을 가졌으며, 기독교의 사명이 교회를 교회답게 하는 것에만 그치지 않고, 사회를 사회답게 변화시켜 나가는 것을 포함한다. 따라서 기독교회는 지역사회와 국가, 더 나아가 전 세계에 대한 사회적 책임을 감당할 필요가 있다.

2. 교회연합운동에 나타난 교회의 사회적 책임

기독교가 발전함에 따라 다양한 교단과 교파가 생겨나게 되었고 이로 인해 여러 가지 갈등과 충돌이 일어나게 되었다. 이에 대한 반성으로 교단과 교파와 교회간의 장벽을 허물고 서로 연합하여 교회의 일치를 이루어 하나님 나라를 위한 공동의 노력을 기울이기 위해 세계교회는 교회연합운동을 전개하기 시작하였다. 이러한 교회연합운동은 사회적 책임을 강조해왔는데, 이와 관련한 역사를 살펴보자.

사회복음을 강조한 교회연합운동단체인 세계교회협의회(World Council of Churches: W.C.C.)는 제2차 세계대전 속에서 개최된 1948년 암스테르담 창립총회에서 세계의 모든 전쟁은 평화로 오신 예수 그리스도의 모범과 부합하지 않는다고 주장하면서, 교회가 적극적으로 나서서 평화를 이루어야 하며, 이를 위해 '책임사회'(responsible society)를 건설할 것을 제안하였다. 1961년 제3차 뉴델리 총회 때는 핵심 주제는 아니었지만 제2분과의 논의 내용 가운데 교회가 순수한 복음 전파만 아니라 정치와 사회 참여를 통해 교회의 본분을 다할 필요가 있음을 피력하였다. 그리고 1966년 "교회와 사회에 대한 협의회"의 제네바 총회와 1968년 제4차 세계교회협의회(W.C.C.) 웁살라 총회에서 교회의 사명이 전도나 개종 및 교회 설립 등에만 있지 않고 사회의 정의와 인권, 복지 및 구호와 같은 세상의 문제에 참여하는 것에 있다는 주장이 본격적으로 나오기 시작하였다. 1973년 방콕에서 개최된 제8차 세계선교대회에서는 개인구원이 아닌 사회구원을 강조하였으며, 보다 급진적인 정치, 경제 및 사회 참여를 주장하는 방향으로 나아갔다. 1975년 나이로비에서 개최된 제5차 세계교회협의회(W.C.C.) 총회에서는 진정한 평화는 정의로운 사회로부터 나온다는 전제하에 '정의롭고 참여적이며 지속가능한 사회'(Just, Participatory, Sustainable Society: JPSS)의 패러다임을 제시하였다. 이때부터 지속가능한 발전에 대한 관심이 세계적으로 확산되기 시작하였다. 1983년 밴쿠버에서 개최된 제6차 세계교회협의회(W.C.C.) 총회에 와서 매우 중요한 교회연합운동의 전기가 마련되었다. 평화란 단순히 전쟁이 없는 상태가 아니라 정의 위에 건설된 사회이므로 정의와 평화에 기반한 새로운 사회질서를 건설할 것을 주장하였다. 여기에 이전 총회와는 달리 환경 및 생태 문제를 포함시킴으로써, 1990년 서울에서 개최된 '정의, 평화, 창조질서의 보전'(Justice, Peace, and Integrity of Creation, JPIC) 패러다임을 만드는데 중요한 역할을 하게 된다. 이 JPIC 패러다임은 2013년 부산에서 개최된 세계교회협의회(W.C.C.) 제10차 총회에 이르기까지 가장 기본적인 교회연합운동의 뼈대를 구성하고 있다.

한편, 사회복음을 강조한 진보적 성향의 세계교회협의회(W.C.C.)와 달리 복음주의 교회연합운동에서는 자신들의 신학적 노선이 다른 자유주의 신학의 적극적인 사회 및 정치 참여보다는 순수한 자선과 구제 활동에 초점을 둔 사회적 책임을 20세기 초반까지 감당해왔다. 그런데 1960년대에 이르게 되면서 소극적 사회 참여적 태도가 바뀌기 시작하였다. 1966년 미국 휘튼에서 열린 세계복음주의연맹(World Evangelical Fellowship: W.E.F)[6]의 세계선교대회는 유명한 '휘튼선언'(Wheaton Declaration)을 만장일치로 채택하여 복음전파와 사회 참여를 분리하는 잘못을 범했다고 잘못을 고백하면서 모든 복음주의자들이 전 세계의 인류에 대한 평등, 자유 및 사회정의를 위해서 단호하게 투쟁할 것을 촉구하였다. 그 후 세계복음주의연맹은 1974년 '로잔 언약'(Lausanne Covenant)을 통해 복음전도와 사회 참여가 서로 불가분의 관계에 있음을 주장하였으며, 기독교인의 사회적 책임으로서 사회적, 정치적 참여를 소홀히 한 것에 대해 참회하였다. 그러나 1973년 W.C.C. 방콕 총회가 복음전도와 사회적, 정치적 참여를 통한 인간 해방을 동일한 것으로 간주한 것과는 달리 로잔 언약은 복음전도가 여전히 우선적이라는 입장을 견지하였다. 또한, 1982년 "복음화와 사회적 책임"이란 주제로 로잔과 W.E.F.가

6) 2001년에 WEA(World Evangelical Alliance)로 명칭 변경

공동으로 그랜드래피즈(Grand Rapids)에서 주최한 세계대회에서 존 스토트를 중심으로 작성된 "복음화와 사회적 책임에 대한 복음주의적 공약"이라는 선언문을 채택하고, 복음전도와 사회 참여는 동전의 양면과 같이 불가분의 관계에 있음을 천명하였다. 이는 예수 그리스도의 복음 사역이 개인의 구원으로부터 창조 세계의 모든 영역까지 확장되어야 한다는 전제 하에 이루어진 것이다. 이 선언문도 기독교의 사회적 책임이 복음화라는 틀 속에서 확대된 형태로 인식함으로써 복음전도의 우선순위가 인정된 것이다.

이와 같이 세계교회 연합운동에서는 복음화와 사회 참여에 대한 우선순위에서 약간 다른 의견을 보이긴 하지만, 현대 사회 속에서 기독교와 교회의 사회적 책임에 대해서는 이견을 보이지 않는다. 즉, 이 시대의 정의와 평화, 그리고 생명과 관련된 생태 문제에 대해 교회가 적극적으로 개입하고 이 문제를 해결하기 위해 모든 교회가 협력해야 한다는 것이다.

3. 교회와 국가의 관계

성서는 "가이사의 것은 가이사에게, 하나님의 것은 하나님께 바치라"(막 12:17)는 말씀을 통해 세상 권력을 인정하신다는 사실을 보여준다. 가이사는 당시 로마황제인 줄리어스 시저(Julius Caesar)를 지칭한다. 이 말씀과 관련하여 기독교가 국가나 정부 및 세상 권력을 어떻게 이해하고 어떻게 대처해야 하는 지를 이해해야 한다. 먼저, 국가나 정부 또한 하나님께서 인간 세상을 질서 있게 만드시기 위해 허락된 세상의 질서라고 볼 수 있으며, 교회만이 아니라 국가나 정부 및 다양한 세상 권력을 통해서도 하나님의 공의와 섭리를 이루어 나가신다는 사실을 보여준다. 그러나 하나님이 궁극적으로 세우기를 원하시는 것은 "하나님의 나라"로서 세상 국가나 정부와는 다르다. 가이사, 즉 세상의 정치권력은 하나님이 허락하신 일시적인 주권으로 이것이 최고의 선(善)이 아니라는 것이다. 하나님은 국가와 같은 세상의 정치권력을 인정하시고 사용하시지만 그 자체가 하나님이 꿈꾸시며 인간이 궁극적으로 추구해야 할 나라는 아니라는 것이다. 말하자면, 우리는 국가나 세상의 정치권력에 대해 인정하고 그 질서와 의무를 위해 우리의 본분을 다해야 하지만, 만물의 창조주이시며, 하늘과 땅의 모든 권세를 가지신 성부, 성자, 성령 하나님의 주권 하에 모든 세상 권력이 존재한다는 것이다. 먼저, 국가와 정부와 같은 세상의 정치권력이 추구하는 자유, 평등, 정의, 인간에 대한 존엄 등과 같은 선(善)을 구현하기 위한 시민으로서의 최선의 노력을 하면서, 동시에 세상의 정치 권력의 한계를 분명히 인시하고, 국가나 정부와 같은 정치권력이 하나님의 나라와 상충하는 권력의 남용을 통한 억압과 작취와 폭정을 일삼을 때, 하나님의 질시를 벗어나는 세상 권력에 대해 경계하고 감시하고 대항하여야 할 것이다.

기독교의 역사 속에서 나타난 교회와 국가의 관계를 살펴보자

먼저, 종교개혁자인 마르틴 루터(Martin Luther)는 교회와 국가의 관계에 대해 두 왕국 이론을 주장하였다. 하나는 인간의 영혼을 구원하는 영적 왕국이며, 또 다른 하나는 인간의 세상적인 삶을 유지하기 위한 세상 왕국이다. 영적 왕국의 대표적인 기관이 바로 하나님의 말씀에 따라 영적 통치가 구현되도록 하는 '교회'이다. 그리고 세상 왕국의 대표적인 것은 '국가'로서, 국가는 세상을 통치하면서 법과 이성을 통해 세상을 지배한다. 즉, 루터는 국가와 교회를 기능적으로 구분하여 세상적 통치와 영적 통치를 구분하여 이해하고 있다는 것이다. 이는 먼저 영적으로 변화된 기독교인들이 하나님의 뜻에 따라 세상 속에서 사랑과 정의를 실천함으로써 궁극적으로 국가와 사회에까지 선한 영향을 끼침으로써 세상을 변화시키고자 하는 것이다. 루터는 종교가 국가에 정치적 개입을 하지 않는 반면, 국가도 교회에 대해 종교적 혹은 영적인 문제에 개입해서는 안된다고 보았다.

이와는 대조적으로, 존 칼빈(John Calvin)은 루터의 두 왕국 이론과는 달리 그리스도의 주권과 통치를 강조하였다. 이는 17세기 미국으로 건너간 청교도들이 정의와 자유와 평등의 정신에 기초한 하나님의 나라를 아메리카 대륙에 건설하고자 한 것이나, 칼빈이 제네바시(市)를 하나님의 도시로 만들고자 했던 사실과 일맥상통한다. 그리스도의 통치와 주권 사상은 왕권이 신으로부터 주어진다는 왕권신수설을 거부하고 모든 사람들에게 왕권이 있다는 주권재민(主權在民)의 관점에서 교회와 국가의 관계를 계약적 관계로 보았다.

이러한 칼빈의 사상은 민주주의 발전에 상당한 공헌을 하게 된다. 루터의 두 왕국 이론은 중세 신정정치를 폐단을 철폐하고 국가와 교회를 분리하여 한 국가 내에서의 종교 간의 공존을 가능하게 했다는 점에서는 공헌을 하였지만, 기독교를 공적인 영역에서 분리시켜 사적인 영역으로 축소시킨 한계를 안고 있다. 하나님 나라 사상은 영적인 영역에만 머물지 않고 세상의 질서 속에서 공적인 영역에까지 영향을 미친다. 국가와 종교 혹은 교회를 분리시키게 될 때 국가의 횡포나 억압에 대해 소극적으로 대처할 수밖에 없는 것이다.

이러한 교회와 국가의 관계에 대해 20세기의 영향력 있는 칼 바르트(Karl Barth)는 인간에 의해 건설된 사회나 국가는 바람직한 개선과 변화를 위해 노력하지만 그것은 상대적이며 불완전하기 때문에 복음을 의한 혁명적 변화를 통해 진정한 정의와 평화가 구현된다고 보았다. 이러한 관점은 교회가 직접 국가의 정치에 관여하는 방식이 아닌 복음의 능력을 통한 국가와 사회의 근본적 변화에 초점을 두는 것이다. 그는 실제 정치에 참여하는 방식이 아닌, 하나님의 나라의 유비(類比)를 찾고 만들어 나갈 것을 주장하였다. 바르트는 대표적인 하나님 나라의 유비로 시민 공동체와 사회민주주의를 제시하였다. 그러나 이러한 유비는 완전한 것이 아니기 때문에 하나님의 성령에 의해 역사할 때, 즉 하나님의 노구로 사용될 때에만 온전해 질 수 있다고 보았다. 성서는 국가나 정치권력 그 자체를 인정하고 있다.

결론적으로, 국가나 세상의 정치권력은 하나님이 세상의 질서를 세우기 위해 허락하신 것이지만, 절대선(絕對善)이 아니기 때문에 교회는 국가와 정치권력이 제 역할을 바르게 감당하도록 돕는 역할과 파숫꾼의 역할을 하면서, 동시에 하나님의 뜻에 의한 이상적인 하나님의 나라를 지향하는 방향으로 이끌어 가도록 비전과 가치를 지속적으로 보여주어야 할 것이다.

4. 기독교회 사회적 책임의 장(場)으로서의 시민사회

오늘 날 세계화 과정 속에서 극심한 양극화와 생태적 위기를 경험하고 있는 현실 속에서 등장한 시대정신은 '지속가능한 발전' (sustainable development)이라고 할 수 있다. 인간의 탐욕과 이기심으로 자원 침탈, 약육강식의 세계 질서, 전 지구적 환경오염 등 미래세대의 유산까지 고갈시키고 있다. 이런 상태라면 이 지구가 지속가능한 사회를 유지하기가 어렵다. 이 사실을 자각한 많은 나라들이 21세기 생존 대안으로 내어놓은 것이 바로 '지속가능한 발전' 혹은 '지속가능한 개발' 이다. 그런데 지속가능한 사회 건설을 위해서는 개별 국가나 정부만의 노력만으로는 한계가 있다. 민주화된 시대 속에서 국가나 정부 권력은 제한적이며, 다원사회에서는 시민사회의 협조와 참여가 있을 때 지속가능한 사회가 가능할 수 있다. 그리고 지속가능한 발전에 기초한 지속가능한 사회를 위해서는 시민사회의 역할이 핵심이 된다. 따라서 기독교가 이 시대 속에서의 사회적 책임을 감당하고자 한다면, 시민사회 속에서의 감당해야 할 역할을 찾아야 할 것이다. 하나님의 영광을 드러내는 영역은 단지 교회 안에서만 한정되지 않으며, 온 세상으로 확장되어야 하며, 그 영역이 시민사회여야 한다는 것이다. 시민사회는 사회적 질서 속에서 공공선을 위해 시민들이 주도적으로 정치와 정책결정에 참여할 수 있는 사회이다.

기독교 역사를 살펴볼 때, 기독교는 시민사회의 발전과 깊은 관련이 있음을 알 수 있다. 대표적인 예가 바로 종교개혁이다. 개신교가 출발하게 된 종교개혁의 중심에는 종교개혁자 루터가 "그리스도인의 자유"라는 논문에서 제시한 "모든 믿는 자들은 다 제사장이다"는 구절이 있다. 이 구절은 특권으로서의 성직(聖職)이 아닌 섬김의 직분으로서 성직을 강조하는 한편, 하나님을 따르는 모든 사람들이 동등하다는 사상을 담고 있다. 루터가 민주주의 체계를 꾀하거나 의도하지 않았지만, 이 만인제사장설(萬人祭司長說)이 당시 중세사회에 끼친 영향은 중세의 권위 체계를 무너뜨렸을 뿐만 아니라 근대 자본주의와 청교도 혁명 과정에도 영향을 미쳤으며, 근대 시대의 사회 변혁과 민주화에도 영향을 끼쳤다. 또한, 종교개혁의 평등 지향성은 시민의 참여를 가능케 하여 개인으로 사회의 모든 영역에서 적극적으로 활동하는 시민의 참모습을 갖게 해주었다. 따라서 종교개혁의 전통을 계승하고 있는 개신교회는 시민사회 속에서 사회를 변혁하는 사회적 책임을 다해야 할 것이다. 또한, 성서의 사상은 기본적으로 모든 인간의 평등을 전제하고 있다. 성서는 모든 인간은 하나님의 형상을 가진 존재이며, 하나님의 자녀로서 모두가 한 형제자매로 간주한다. 이러한 신앙적 이념과 가치가 민주주의와 시민정신의 기반을 제공한다. 특히, "너희는 유대인이나 헬라인이나 종이나 자유인이나 남자나 여자나 다 그리스도 예수 안에서 하나이니라"(갈 3:28)는 구절은 시민사회의 기본 정신과 일치함을 알 수 있다. 그리고 교회를 뜻하는 헬라어인 '에클레시아'는 신앙적 의미에서 '예수 그리스도를 주(主)로 고백하는 무리들의 모임'이기도 하지만, 일반적 의미로 '공적으로 구성된 시민들의 회합'을 의미한다. 이는 교회의 신자가 시민사회의 한 시민으로서의 정체성을 동시에 지니고 있음을 의미하는 것이다.

오늘날 기독교는 지속가능한 발전에 기초한 시민사회가 요구하는 사회적 책임을 다하기 위해 '공공성' 회복을 위해 노력해야 한다. 기독교는 피안(彼岸)의 세계만을 추구하는 종교가 아니라 사회를 위해 일하고, 사회를 변혁하는 종교이다. 따라서, 기독교는 사적 종교의 한계를 넘어서서 공적 종교로서 '공공선'(公共善)을 구현하는 시민의식을 가진 시민을 양성해야 한다. 지속가능한 사회를 위해 건강한 시민운동에 적극적으로 동참함으로써 성숙한 시민사회를 형성하는데 기여해야 할 것이다. 기독교는 신자로 하여금 시민으로서의 책임과 의무를 충실히 수행하게 함으로써 국가와 시장과 시민사회가 협력하여 바람직한 시민사회를 형성해 나가는 데 일역을 감당해야 할 것이다.

기독교인은 교회와 관련된 사업을 통해서만 아니라 시민사회 속에서 한 사람의 시민으로서 국가의 정책과 사회의 운명에 영향을 미치는 일에 관심을 가져야 한다. 기독교인은 그리스도의 제자이면서 동시에 시민사회의 시민이기 때문이다. 다시 말해서, 좋은 기독교인은 세상 안에서 좋은 시민이 되어야 한다는 것이다. 이러한 관점에서 박영신(2008: 36)은 시민사회 속에서의 교회의 역할을 다음과 같이 제시하였다.

"교회는 이러한 시민을 길러내야 한다. 개인으로부터 국가에 이르는, 아니 범세계 공동체에 이르는 모든 수준에서 '선한 사마리아인'의 마음가짐을 자극하여 자발성과 책임성을 부추기며 이를 일관되게 지켜갈 수 있도록 해야 한다. 교회가 단위가 되어 지역사회에 적극 참여하는 프로그램도 갖고 있고, 거기에 교인들이 열성을 다해 참여하기도 한다. 이들 가운데는 교회 단위로 교회의 이름을 걸고 봉사활동에 참여하는 것이 아니라 이름 없이 일반 자원 단체를 돕고 시민운동 단체에 적극 참여하는 경우도 있고, 아예 시민운동을 하나님 나라를 세우는 도구로 보고 간사로 일하는 경우도 있다. 이들이 시민사회의 일꾼들이다."

이러한 역할을 감당하기 위해서는 교회가 건강한 시민단체와 연대하며, 시민사회 속에서 선한 사마리아인으로 모범된 삶을 살아가야 할 것이다. 또한, 지속가능한 발전과 지속가능한 사회가 유지될 수 있도록 청지기로서의 역할을 잘 감당해야 할 것이다. 현대사회 속에서의 기독교인은 천국의 시민권과 한 국가의 시민권을 함께 가진 '기독시민'의 정체성을 갖고 각종 거버넌스와 시민운동에 참여해야 할 것이다.

□ 함께 생각해 보기

1. 기독교가 왜 신앙과 사회를 분리하지 않을까?
2. 복음전도와 사회참여는 어떤 차이점과 어떤 공통점이 있는가?
3. 루터와 칼빈의 교회와 국가의 관계에 대한 차이는 무엇인가?
4. 기독교는 왜 시민사회에 관심을 가져야 하는가?

기독교와 사회복지

1. 성서에 나타난 사회복지사상

구약시대에는 가난한 자들에 대한 대책이 제도적으로 마련되어 있었다. 종교법(宗敎法)인 제사법에서부터 고리와 저당에 관한 법, 안식년법, 희년법, 약자보호법, 토지법, 제사법 등 다양하게 제도적인 대책이 마련되어 있다. 이러한 제도들은 가난한 자들, 약자들에 대한 공의(公義)와 돌봄을 강조한다. 그 배경에는 사회적 약자들을 신앙공동체의 일원으로 간주하는 사상이 깔려있다. 출애굽기에는 사회적 약자에 대한 배려를 명령하는 계명들이 기록되어 있다. 가난한 채무자(출 22:25-27), 이방나그네(출 22:21, 23:9), 가난한 자(출 23:10 11, 22:25-27), 과부와 고아(출 22:22-24), 노예(출 21:2-4, 출 21:20) 등에 대해 학대하거나 해롭게 하지 말고, 그들의 고통을 외면하지 말라는 것이다. 레위기에도 가난한 자들을 위해 추수할 때 이삭은 남겨두라는 계명(레 19:9-10, 25:35-37), 7년째 땅을 쉬게 하는 안식년을 제정하여 생태환경을 보존하는 목적과 함께 7년째 소산물은 사회적 약자들이 가질 수 있도록 배려하였다(레 25:4-7). 그리고 희년(레 25:9-10) 제도를 두어서 50년마다 모든 빈부격차를 리셋(reset)할 수 있게 함으로써 가난의 대물림과 같은 구조적 가난을 근본적으로 해결하고자 하였다. 신명기서에는 보다 체계가 확립된 제도적 노력이 제시되었다. 대표적인 내용을 살펴보면, 사회적 약자를 위한 십일조 규정(신 14:19-22, 14:28-29, 23:17-18), 7년째에 빚을 없애주는 것과 종을 자유롭게 해주는 여호와의 면제년과 안식년제도(신 15:1-4, 15:9-10, 15:12-13), 각종 절기 때 고아와 과부 및 나그네, 노비 등 모든 약자들과 함께 하나님께 바쳐진 예물을 나누는 절기 풍습(신 16:10-15) 등이다. 잠언에서도 구제와 선행은 경건되고 지혜로운 삶으로 묘사하고 있으며(잠 3:27, 11:24-25, 19:1, 19:17, 28:27), 이사야서 58장에서는 참된 경건은 고통 당하는 이들과 가난한 이들을 돌보는 것임을 언급하고 있다.

한편, 구약성서에 나타난 사회복지사상의 바탕에는 공동체 사상이 자리 잡고 있다. 성서 여러 곳에서 가난한 자를 언급할 때 "가난한 형제"(신 15:7) 혹은 "네 궁핍한 형제"(신 15:9) 등 자주 "형제"와 함께 묘사된다. 여기서 말하는 '형제'는 혈연관계는 아니지만 가난한 자들을 형제자매처럼 여기고 돌보라는 것이다. 이러한 이스라엘의 신앙공동체가 형성하게 된 근거는 이스라엘 백성들의 정체성이 과거 억압받고 천대받으며, 궁핍한 삶을 살았던 자들이었기 때문이다. 하나님이 이스라엘 민족을 향해 "너희는 나그네를 사랑하라 전에 너희도 애굽 땅에서 나그네 되었음이니라(신명기 10:19)" 고 말씀하신 것에서도 이러한 사실을 유추할 수 있다. 이스라엘 민족을 일컫는 히브리 민족은 고대근동 시대에 주로 뜨내기 노동자들, 날품팔이 노예, 부역자들 등이었다. 그런데 가나안 땅에 정착을 하게 되고, 사회경제적으로 발전하게 되면서 오히려 가난한 자와 약자들을 착취하고 무시하게 된다. 이러한 과정 속에서 하나님은 가난한 자나 약한 자 모두가 "하나님의 백성" 이요 "형제자매" 로 대할 것을 명령하였다. 이러한 공동체 사상이 구약시대 이스라엘 민족의 복지사상의 핵심이었다고 볼 수 있다.

신약성서의 경우, '오른손이 하는 일을 왼손이 모르게 하라' (마 6:3)는 명령과, 주린 자, 목마른 자, 나그네, 헐벗은 자, 병든 자, 옥에 갇힌 자, 목마른 자 등 지극히 작은 자 하나에게 한 것이 곧 하나님께 한 것이라는 양과 염소의 비유(마 25:31-46), 하나님을 사랑하고 이웃을 나 자신과 같이 사랑하는 것이 하나님의 최고의 계명이라는 말씀(마 22:39) 등을 비롯하여, 초대교회 당시 신분이나 빈부 차이에 상관없이 서로의 필요에 따라 재산을 유무상통했던 공동체를 이루었던 것(행전 2:44-47), 초대교회에서 구제와 자선을 전담하는 집사 직분을 세운 것(행전 6:1-7) 등이 사회복지의 실천 근거를 제공한다. 그리고, 성서는 사회적 약자에 대한 인권과 법적 보호에 대해서도 강조하고 있다. 이는 사회복지의 구조적 차원으로 사회경제적 정의를 통한 복지사회를 도모하는 것이다. 약자들에 대한 착취나 억압에 대해서는 구체적인 법으로 정해져 있다기 보다는 성서 전반에 걸친 하나님의 말씀 속에서 나타난다. 성서에는 500개가 넘는 구절이 약자를 억압하고 착취하는 것을 비난하는 내용을 담고 있다. 성서는 구조적 악에 대해 사회경제적 정의를 구현할 것을 요구하고 있다. 약자들의 권리가 박탈당하고 유린당함으로써 그들이 더욱 가난하게 되는 상황 속에서 예언자들은 하나님의 공의와 정의가 실현되지 않을 경우 멸망할 수밖에 없음을 선포하고 있다. 경제적 · 사법적 · 사회적 권리를 빼앗긴 자들을 회복시키는 것이 하나님의 정의이며, 이러한 억압과 착취를 계속하는 자들을 심판하는 것이 하나님의 공의를 세우는 일인 것이다.

성서에는 가난한 자나 약자들은 저주받았다거나 게으르고 무능력한 자라기보다는, 오히려 하나님의 백성이며, 복음을 받을만한 자격이 있는 사람들로 나타난다. 그리고 사회적 약자에 대한 하나님의 각별한 관심과 애정은 예수께서 공생애를 시작하실 때 이사야서 말씀을 인용하면서 자신의 사역의 목적이 '가난한 자에게 복음을 전하게 하는 것' (눅 4:18)에 있다는 구절에서 잘 엿볼 수 있다. 성서가 요구하는 사회복지 혹은 사회봉사 정신은 약자와 동일시(同一視)하는 것이며, 모든 이들이 하나님 안에서 사랑으로 사귀고 소통하는 코이노니아 공동체이며, 운명 공동체임을 말해준다. 이러한 근거는 기독교가 인간의 존엄성과 가치를 소중하게 여기며, 특히 취약계층에 대한 관심이 단순한 미덕이 아니라 본질이요 의무임을 강조함으로써 복지가 구현되는 이념적 토대를 제공하고 있다.

2. 기독교 역사에 나타난 사회복지

초대교회가 시작될 당시, 기독교는 로마제국 시대에 빈부귀천의 장벽을 뛰어넘어 서로 형제자매로 부르며 교제하는 공동체로 인정을 받았다. 역사적 기록에 따르면, 교회는 노예였던 신도들을 가족이나 형제로 대하고 노예 신분에서 해방시켜주었으며, 서로의 필요를 조건 없이 채워주었던 사랑과 섬김의 공동체였다. 이것은 363년 이교도 황제 율리아누스가 "기독교인들이 서로를 얼마나 사랑하는가를 보라!"고 극찬한 말에서도 엿볼 수 있다.

초대교회 시기의 기독교는 복음전파에도 온 힘을 기울였지만, 동시에 자선과 구제에도 주력하였다. 당시 사도들은 과부들을 비롯한 가난한 자들에게 큰 관심을 갖고 빈민구제를 위해 집사 제도를 제정하여 보다 체계적인 구제가 이루어지도록 직제를 만들었다(행전 6:1-6). 집사의 임무는 병자, 가난한 자, 과부나 고아와 같은 취약계층, 그리고 죄인들을 방문하여 이들에게 필요한 것을 확인하여 교회 감독에게 보고하고, 그들에게 필요한 구호품을 전달하는 역할을 감당하였는데, 이것이 기독교 최초의 사회복지사의 역할이었다고 볼 수 있다. 또한, 초대교회는 사유재산제보다는 공동체 성격이 강하여 서로의 필요에 따라 가진 것을 나누는 일이 보편화되어 구제사업은 그리스도인의 의무로 받아들였다. 집사들에 의해 본격화된 구제사업은 점점 체계화되면서 도움이 필요한 과부 명단을 작성하는 등 일정한 기준에 따라 적절한 구제 대상을 선별하는 방향으로 발전되어 갔다. 주후 250년경 데시우스(Decius)의 박해 중에서도 로마교회들은 1000명 이상의 과부들을 구제한바 있으며, 안디옥교회는 3000명이 넘는 고아와 과부들을 도왔다. 그리고 주후 4세기에는 가이사랴와 안디옥에 병자를 위한 병원이 설립되었고, 많은 수도원들이 다양한 형태로 구제 사업과 시설보호 사업을 전개하였다. 당시의 유스티니아누스 법전(Codex Justinianus)에 따르면, 교회와 수도원에서 여러 종류의 보호시설, 고아원, 병원, 양로원 등이 운영되기 시작했다.

중세 교회에서는 콘스탄틴 대제의 개종과 함께 기독교가 국교가 되면서 교회(교구)를 중심으로 가난한 자들을 구제하는 임무가 주어졌다. 중세시대에도 빈민구제를 위한 법률이 6세기의 유스티니안(Justinian) 황제 때 제정되어 존재하고 있었지만, 실효성이 거의 없었기 때문에 대부분의 구제를 교회가 담당하였다. 또한, 중세시대의 중요한 사회복지 기능을 담당한 기관은 수도원이었고, 당시 많은 수도원들은 수도원 수입의 10분의 1을 가난한 자를 위한 구제에 쓰도록 하였으며, 병자나 고아, 행려자를 위한 시설을 운영하였다. 한편, 중세교회에는 구빈원(hospital)이 중요한 복지적 역할을 담당하였다. 처음에는 여행자를 위한 수도원에 부설된 숙박소였던 구빈원이 점차 사람들의 필요에 따라 숙소와 병원의 기능을 갖게 되어 요양원의 역할을 하였다. 또한, 프란시스코 교단(The Franciscans)이 설립한 중세의 공익전당포는 종교적 금융기관으로 높은 이자로 고통받고 있는 영세민과 파산자를 구제하는 역할을 감당하였다. 그리고 11세기 초에는 교회의 구빈세(교구세)가 신설되면서 교회 중심의 자선사업은 정부의 지원이 결합된 형태의 민관협력 구빈사업의 형태를 갖기도 했다.

종교개혁 시기에 와서는 중세교회의 복지사업 정책과는 조금 다른 양상을 나타내었다. 종교개혁자인 마르틴 루터(Martin Luther)는 구걸행위를 비판하면서 구걸하는 빈민들에 대한 자선행위보다는 직업교육이나 구직을 통해 가난을 벗어나도록 돕는 것이 바람직하다고 보고, 빈곤층이 스스로 가난을 탈피하려는 노력을 기울일 것을 강조하였다. 이러한 배경 속에서 루터는 구걸 행위를 폐지하는 법을 공포하고 '빈민보호법' 을 통해 가난한 사람들을 체계적으로 돌보게 하였으며, 지금의 사회복지공동모금회와 유사한 기능을 담당하는 라이스닉 금고 규정(Die Leisniger Kastenordnung)을 마련하였다. 한편, 사제직의 섬김의 기능을 강조한 종교개혁자 존 칼빈(John Calvin)은 제네바에 '병자들을 위한 병원' (General Hospital)을 설립하였는데, 이 병원은 단순 치료기관의 기능 뿐 아니라 사회복지적 기능도 함께 수행하였으며, 제네바시를 통해 시(市) 차원의 공공복지사업을 전개하였다. 제도적으로 고아를 13세까지 돌보게 하면서 일자리를 제공하였으며, 과부들이나 무연고 노인들이 일할 수 있도록 다양한 직업을 알선하였을 뿐 아니라, 노동경쟁력이 떨어지는 이들은 병원에서 조금 적은 급료를 주고 병자들을 돌보는 일을 제공하였다. 그 외에도 난민들을 위한 기금제도(Bourse)를 마련하였는데 이 자선기금은 이후 250년간 지속되었다.

18세기 산업혁명 이후 급격한 경제 발전을 이루어졌지만, 산업화로 인한 근대자본주의의 발달은 많은 사회적 문제를 야기하였다. 산업화와 근대자본주의 속에서 소외된 취약계층에 대해 기독교의 두 가지 사상적 흐름이 근대 사회복지발전에 중요한 영향을 미쳤다. 그것은 바로 경건주의와 사회개량운동이다. 경건주의 운동은 기관(시설) 중심의 사회복지 발전에 영향을 미쳤으며, 사회개량운동은 사회구조적 변화에 영향을 미쳤다. 먼저, 기독교의 종교적 독선에 대한 반성에서 출발한 경건주의 운동의 메카였던 할레대학(Halle University)은 유럽 최초의 대학으로 기관 중심의 사회복지 활동을 주도하였다. 경건주의 운동의 핵심 인물인 프랑케(August H. Francke)는 할레대학 신학교수로 있을 때 '프랑케기관'을 설립하였는데, 이 기관을 통해 학교, 고아원, 약국, 병원, 도서관 등 다양한 복지시설이 설립하였는데, 이 시설들은 근현대 사회복지시설의 원형이 되었다. 한편, 사회개량운동은 교회 지도자를 중심으로 도시 빈민 구제를 위한 조직적 사회복지활동을 전개하는 계기를 마련하였다. 스코틀랜드 글래스고우(Glassgow) 교구 목사였던 찰머스(Thomas Chalmers)는 도시를 구역화하여 담당 집사를 배정함으로써 체계적으로 빈곤가정을 관리하도록 하면서, 지역자원을 연계한 자립적 복지체계를 구축하였다. 이 활동은 세계 최초의 민간 차원의 연합복지조직인 "자선조직협회(Charity Organization Society)"의 출발에 결정적 역할을 하였다. 또한, 런던 이스트엔드(East End)지역의 목회자였던 바네트(Vicar Barnett) 목사를 통해 설립된 '토인비홀'(Toynbee Hall)은 최초의 "인보관(Settlement House)"으로, 이 인보관은 오늘날 사회복지관의 모체가 되었다.

20세기에 들어서면서 두 차례에 걸친 세계대전을 경험한 기독교회는 사회참여를 강조하는 '사회복음'(social gospel)에 대한 논의가 활발해지면서 교회가 공공복지 영역과 인권, 노동, 환경, 정치 등 다양한 공공 문제에까지 관여하게 되었으며, 전문적인 사회복지사업 을 교회가 참여할 수 있는 신학적, 실천적 토대가 마련되기 시작하였다. 사회복음은 산업사회와 자본주의 체제에서 구조악(構造惡)으로 인해 발생하는 노동자와 가난한 자들의 정의를 위해서 힘썼다. 사회복음은 이 땅 위에 정의와 평화가 실현되는 하나님의 나라를 세우려는 사회구조개혁과 사회행동의 실천에 주력하는데 기반을 마련하였다. 그리고 20세기부터는 개교회나 지역사회 혹은 개별 국가 차원을 넘어서서 전 세계적인 구호와 사회발전을 위한 경향이 두드러졌다. 한 예로, 1959년 독일의 주교회와 자유교회가 결성한 '세계를 위한 빵'(Brot für die Welt)은 제3세계의 기아문제를 주로 해결하고 있는데, 동유럽과 제3세계에 약 1,000개가 넘는 빈곤 프로젝트를 지원하고 있다.

3. 한국 기독교의 사회복지 발달사

한국 기독교의 사회복지의 역사를 구분할 때, 서구 선교사들이 입국한 1880년대 이후의 초기 선교시대, 1920년대부터 1940년대의 절대빈곤시대, 1950년 6·25 전쟁과 재건시대, 1970년대 경제발전의 가속화에 따른 산업화 · 도시화의 시대, 끝으로 1990년대의 IMF 구제 금융에서 오늘에 이르는 시대 등 다섯 시기로 나눌 수 있다.

제1시기는 개화기인 1880년대~1900년대로 선교를 통한 사회개혁운동으로서의 기독교사회복지가 구현되기 시작한 시기이다. 이 시기에 한국사회는 근대화의 기로에서 여러 열강들의 침략 야욕과 국론분열 및 구태 속에서 방향을 찾지 못하고 가난과 무력감 속에 빠져 있었다. 이때 기독교 선교를 통해 교육, 의료 등 다양한 복지사업이 전개되었다. 한국의 사회복지의 출발은 선교의 역사에서 시작되었다. 선교사들은 교육이 국력임을 알고 문맹을 없애기 위해 배재, 이화, 경신 등 많은 학교들을 세웠다. 1909년 통계에 의하면, 당시 국내 일반사립 및 관 · 공립학교가 60개교(학생수 10,914명)인데 비해 기독교 계통 학교가 720개교(학생수 17,656명)이었던 것을 비교할 때 기독교의 역할이 매우 컸음을 짐작케 한다. 또한, 고아나 장애인, 빈곤가정의 자녀 혹은 젊은 과부나 부유계층의 첩 등과 같은 사회적인 소외계층들을 위해 다양한 복지사업을 전개하였으며, 여성의 인권과 사회참여를 확대하여 여성복지에도 많은 기여를 하였다. 의료복지에서는, 1885년 알렌 선교사에 의해 설립된 한국 최초의 근대식 병원인 광혜원(1885년)을 필두로, 정동제일병원(1885년), 보구여관(1887년, 이화여대부속병원), 평양기홀병원(1892년), 제중병원(1895년), 원산 구세병원(1898년), 대구 제중원(1904년), 세브란스병원(1904년), 전주 예수병원(1904년), 평양 연합기독병원(1905년) 등이 대표적이다. 이들 병원은 당시 장애인에 대한 치료를 담당하여 재활병원의 역할까지 담당하기도 했다. 그리고 언더우드 선교사가 세운 고아원인 예수교학당(1891)을 시작으로 인천, 서울, 부산 등에 고아원이 설립되었다. 한편, 장애인복지에서는 미국 감리교 선교사인 로제타 셔우드 홀(R. S. Hall) 여사가 평양에서 부인병원과 한국 최초 간호학교를 설립하였고, 1894년 처음으로 한글섬사인 '조선훈맹점자'를 만들어 성경의 일부와 십계명을 점역하여 시각장애인 소녀에게 점자법과 재활교육을 실시한 것이 한국 근대 특수교육의 효시가 되었다. 또한, 시각장애인을 위한 평양 여자 맹인학교(맹인보호소)(1903년)과 평양 남자 맹인학교(1904년)를 설립하였다. 농아인복지사업은 1909년 선교사들에 의하여 평양농아학교가 세워지면서 시작되었으며, 지체장애인 복지는 1897년에 페리(Jean Perry) 양이 9명의 선교사들로 이사회를 구성하여 지체장애아동을 위한 집을 서울에 세우면서 시작되었으며, 1901년에는 23명의 장애아동들이 수용되어 있었는데 여기서 한글과 한문, 창가, 산술, 지리, 재봉, 기타 기초지식들을 가르쳤다. 그 외에도 구습타파와 여권신장을 위해 조혼풍습 타파 운동과 음주와 흡연, 아편 금지 운동, 미신타파 운동 등을 전개하였다.

제2시기는, 일제강점기를 전후로 한 1910년대~1940년대로 민족의 고통을 덜기 위해 사회운동과 절대 빈곤 타파에 주력했던 시기이다. 이 시기의 한국교회는 선교 초기부터 전개하였던 다양한 복지사업을 기반으로 민족의 고통을 덜어주었을 뿐 아니라, 삼일운동에 적극적으로 관여하였으며, 여러 독립운동의 중심적 세력으로써 민족과 함께 하는 '민족교회' 였다. 당시 전체 인구의 2%에도 미치지 못하였던 기독교가 삼일운동으로 기소된 피고인 수가 24.3%에 이른다는 사실에서 증명된다. 한국 구세군은 일제강점기에 정치적 활동보다는 영적활동과 빈곤복지의 증진에 주력하려는 구세군의 원칙에 따라 빈민숙박소인 1916년 여자실업관을 건립하였고, 1928년 12월 자선냄비 모금운동을 시작하여 많은 빈민들을 지원하였는데, 이 운동은 지금까지 계속되고 있다. 1920년에 들어선 한국사회는 경제공황이 극에 달하였고 쌀값은 폭락하였으며, 가정이 해체되고, 방황하는 청년들은 유흥시설의 번성을 이끌었다. 아편은 총독부 전매를 통해 보급되었으며, 주류 소비는 급격히 증대하였다. 이에 기독교는 농촌계몽운동과 절제 및 폐창운동을 통해 사회복지의 구조적 개혁을 전개하였다. YMCA는 농촌회복에 소망이 있다고 보고 1925년 농촌부를 신설하고, 외국 농업 기술자가 부임하여 서울 근교 20여 촌락에서 사업을 착수하였다. 1929년에는 장로교, 감리교, 각 선교부, 조선기독교 연합공의회, 조선 남녀 기독교청년회의 대표로 구성된 '농촌사업협동위원회' 를 설치하여 농민 교육에 힘썼다. 한편, 한센씨병 환자를 위해 1918년 장로교 총회에서 나환자위원회를 조직하였으며, 이 위원회가 1916년 소록도에 설립된 국립나병원(現 소록도국립병원)의 운영에 큰 영향을 미쳤다. 그리고 결핵환자를 위한 결핵병원이 세브란스 병원 내에 세워졌으며(1920), 평양 결핵진료소(1925), 해주의 감리교 구세 결핵요양원(1928)이 설립되고, 구세의원의 홀 부부가 크리스마스 실(seal)을 발행하여 당시 2500만 인구 중 약 5할이 결핵 감염자인 심각한 결핵 문제를 퇴치하기 위해 노력하였다. 그리고 당시 질병으로 사망하는 10세 미만의 사망률이 45.5%라는 엄청난 비극 앞에 '유아복지센터'(1929)를 세우고 224처의 진료소를 개설하였다. 이러한 사회봉사 운동의 종합적인 형태는 국내 최초의 복지관과 복지시설의 효시인 '태화여자관,' '고려여자관,' '애린원' 등의 설립으로도 나타났다. 그리고 조선총독부를 상대로 미성년의 금주, 금연법 제정을 강력히 요청함으로써 '청소년보호법'을 제정케 하는 구체적인 성과를 맺었다.

제3시기는, 6.25 전후(前後)시기인 1950년대~1960년대로 기독교 외국원조기관의 주도에 의한 사회복지사업이 전개된 시기이다. 해방 이후 빈곤과 동족 전쟁의 상처는 수많은 복지수혜자를 배출하였지만 우리 사회는 이들을 지원할 수 있는 역량이 턱없이 부족하였다. 이 시기의 복지활동은 기독교와 일반 사회복지 모두 외국원조시대라 부를 수 있을 만큼 기독교 단체를 통해 많은 재정이 지원되었다. 이 시기에 한국교회는 구호활동의 중심에서 활동하였는데, 대표적으로 기독교아동복리회(현 어린이재단), 선명회(현 월드비전), 기독교세계봉사회, 홀트아동복지회 등 123개의 단체가 있었으며, 이

단체를 회원으로 한 외국민간원조기관한국연합회(KAVA)는 그 역할이 매우 커서 제2의 보건복지부 역할을 수행한다는 평가를 받을 정도였다. 사회복지시설 설립에 있어서는, 기독교연감 1957년 판 사회사업단체 목록에 의하면, 기독교정신으로 설립된 사회복지 시설이 543개인 것으로 전체 복지시설의 거의 2/3 이상을 차지한다고 볼 수 있다. 또한, 국내 최초의 사회사업학과가 1947년 이화여자대학교에서 '기독교사회사업학과' 라는 이름으로 세워졌고, 1953년 중앙신학교(현 강남대학교)에서 사회사업학과가 개설된 이래 한국에서 토착적인 사회사업가를 양성 배출하였으며, 1960년대를 전후한 시기부터 외원기관들이 한국인 사회사업가를 충원함으로써 전문사회사업 실천의 계기를 마련하였다. 한편, 이 시기는 아동 및 소외계층 교육을 통한 사회발전 토대를 마련한 시기로, 외원 기관을 통한 구호물자를 배분하였고, 각 교회마다 '성경구락부' 를 설치하여 전쟁고아들과 빈곤계층의 자녀를 위해 성경과 한글, 초등교육에 필요한 일반상식을 교육하였는데, 이러한 한국기독교의 복지사업은 70년대에 산업화과정에 매우 중요한 역할을 감당하였다.

제4시기는 도시화·산업화가 가속화되던 1970년대~1980년대로 사회발전에 따른 병폐를 예방·치료하기 위한 노력을 기울인 시기이다. 70년대는 정치, 경제 및 사회적으로 격동의 시대였다. 정치적으로 군사정권이 정치체제의 유지를 꾀한 혼란의 시기였으며, 경제적으로 급격한 산업화와 수출주도형 경제개발정책의 모순, 예컨대 저임금과 산업재해, 실업문제, 농촌의 피폐 등 제반 사회문제들이 파생하였다. 또한 도시화, 범죄의 만연, 향락문화의 범람 등으로 한국 사회는 급격한 변동을 겪고 있었다. 이 시기에 한국기독교는 진보적인 교회를 중심으로 민주화운동, 인권운동, 통일운동 등을 주도하였으며, 노동자와 하층민에 대한 관심이 증대되어 민중교회가 생겨나고, 독특한 한국적 신학인 민중신학을 산출하였다. 각 빈민지역마다 탁아사업을 비롯하여 노동조합운동, 인권운동 등과 함께 계몽운동 등이 교회를 통하여 정부의 억압과 탄압의 상황 속에서도 지속되었다. 또한, 사회복지사업에서 1979년 보건복지부에 등록된 시설을 종교별로 분류한 바에 따르면, 부녀복지시설의 87%, 아동복지시설의 91%, 양로원 시설의 67%가 기독교 계통의 시설인 것으로 나타나고 있다. 그리고 지역사회복지운동의 하나인 빈민공동체운동이 활발히 전개되었다. 청계천지역을 중심으로 한 활빈공동체(현 두레공동체, 김진홍목사), 청량리지역을 중심으로 한 다일공동체(최일도목사), 그리고 성남 지역의 활민교회(최규성목사) 등이 빈민을 위한 활동을 활발히 전개하였다. 이 시기는 한국교회가 사회참여에 대한 양극단적인 입장을 갖고, 사회분리적인 입장에서 교회성장과 영혼구원에만 초점을 두는 흐름과 보다 적극적으로 사회문제에 참여하려는 흐름이 충돌하여, 사회구호적 봉사와 사회 구조적 봉사가 조화를 이루지 못하고 갈등을 보이기도 했던 시기였다.

제5시기는, 경제발전의 둔화와 부작용에 따른 자기반성적인 대응을 시도한 1990년대~현재까지로, I.M.F 체제를 전후로 한 전문적인 사회복지 확대와 연대가 이루어진 시기이다. 지속가능한 발전에 기초하지 않은 경제발전의 부작용으로 초래된 IMF는 급격한 사회 붕괴를 발생시켜 노숙자의 등장 및 확산, 실업자의 양산, 중산층의 소득 및 자산 급감, 가정의 파산에 따른 해체, 범죄의 급증 등 '계층의 하향 이동' 현상을 불러왔으며, 핵가족화, 인구고령화, 여성의 사회진출 증가, 이혼율 증가로 가족의 보호기능은 약화되고, 탈북자, 외국근로자 증가 및 기타 사회문제 등으로 복지를 필요로 하는 대상자가 급증하였다. 1990년을 전후하여 시작된 한국교회 성장의 정체 현상과 I.M.F. 경제위기는 한국교회로 하여금 위기의식과 자기반성을 불러일으키게 되었고, 그 원인으로 한국교회가 사회봉사에 대한 복음적 사명을 제대로 감당하지 못했던 것을 통감하게 되고, 이로 인해 한국기독교회가 보다 적극적으로 사회복지사업에 참여하는 계기를 마련하게 되었다. 그런데 이전 시기와 조금 다르게 나타난 양상은 여러 교단 간 연대와 전문화의 경향, 그리고 정부와의 파트너십 관계 형성 등이었다. 이러한 배경 속에서 경제위기 극복을 위해 실직가정돕기 범국민결연운동, 사회복지 여성도우미 배치사업, 희망의 쉼터, 실직노숙자 야간이동 상담사업 지원, 노숙자재활센터 지원, 실직자선교전문위원회 조직, 기독교인력은행 개소 등 경제위기 극복을 위한 다각적인 노력을 기울였다. 이 시기의 경제위기 극복 운동은 개별 교회나 교단 및 종파를 뛰어넘어 교계의 자발적인 연대와 협력을 통해 위기에 대처해 나갔으며, 기독교계가 정부의 적극적 협력 파트너로서 국가적 위기를 잘 극복해나갔다. 그리고 한국 기독교는 사회책임의 결여에 대한 반성에 기초하여 다양한 사회복지분야에 참여하기 위해 정부와 파트너십 관계를 보다 적극적으로 형성해 나가기 시작하면서 수많은 사회복지기관 및 시설들을 위탁운영 하게 되었다. 이를 통해 기독교회의 사회복지 전문성을 확보하기 시작하였다. 그 예로, 종교별 사회복지시설법인 현황자료(사회복지신문 1997년 5월 19일자)에 따르면, 종교의 전체 9개 부문 사회복지재단 산하 시설 비율이 전체 종교법인 산하 시설 중 기독교가 91.4%(개신교 73.5%, 가톨릭 17.9%)로 매우 높은 비율을 나타내었다.

4. 기독교사회복지란 무엇인가?

기독교의 사회복지 참여는 '하나님을 사랑하고 이웃을 네 자신과 같이 사랑하라' (마태 22:37—39)는 예수 그리스도의 말씀에 기반하고 있다. 즉, 기독교 신앙은 하나님을 사랑하는 것에서 끝나지 않고 이웃을 내 몸같이 사랑하는 진실한 사랑을 통해 완성된다는 것이다. 사회복지는 인간과 사회의 문제들을 해결하고 인간의 삶의 질을 향상시키려는 목적을 이루기 위한 전문적이고 제도적인 실천으로, 하나님이 명령하신 사랑과 공의를 실현하기 위한 기독교의 사명과 서로 공유되는 부분이 존재하는데, 바로 이 지점이 "기독교사회복지(Christian Social Welfare)"의 자리라고 볼 수 있다. 기독교사회복지는 기독교적 신념체계와 세계관을 가진 사람 또는 기관이 실천하는 사회복지활동이다. 김기원(1998 : 38)은 기독교사회복지의 개념에 대해 보다 구체적으로 다음과 같이 정의하고 있다: “기독교 사회복지란 기독교의 근본정신인 생명존중과 이웃사랑, 봉사와 헌신을 통해서 열악한 처지에서 살아가는 사람들의 물질적, 신체적, 정신적 고통을 양적 질적으로 완화시키고 생활상의 곤란을 개선시켜줌으로써 그들의 삶의 질을 향상시키고 성서적 정의를 실천하며 상실된 하나님의 형상을 회복시키려는 기독교인들의 제도적이고 체계적인 노력이자 가치체계를 말한다.”

이러한 정의에서 볼 때, 기독교사회복지는 기본적인 사회복지 전문성을 갖추면서도 인간에 대한 깊은 이해와 영적인 차원까지 개입할 수 있는 전인적 복지로 이해할 수 있다. 보다 구체적으로 기독교사회복지의 특징을 정리하면 크게 세 가지로 요약될 수 있다. 첫째, 기독교사회복지는 기독교의 신앙적 동기와 가치관에 기반한 실천이다. 말하자면, 하나님의 형상대로 지음 받은 인간의 가치와 존엄성을 회복하려는 기독교 정신이 사회복지실천의 근거가 된다는 것이다. 둘째로, 기독교사회복지는 궁극적으로 하나님의 나라를 건설하기 위한 노력의 일환으로 실천된다. 이는 기독교사회복지는 단순히 사회문제나 욕구를 충족시키는 수준에서 그치지 않고 공동체적 가치를 지향하는 하나님 나라의 건설을 위해 노력하는 것을 의미한다. 하나님의 나라란 하나님의 뜻 안에서 인류의 모든 장벽과 소외와 고립이 극복되는 공동체를 말한다. 셋째로, 기독교사회복지는 기독교 신앙을 가진 모든 신자들이 참여해야 할 의무를 가진 것으로 간주된다. '네 이웃을 네 자신과 같이 사랑하라'는 명령은 누구 한 사람 예외 없이 적용되는 말씀으로 모든 기독교인은 기독교사회복지의 참여자가 되어야 한다는 것이다.

한편, 기독교사회복지를 실천하는 원칙은 다음과 같이 제시될 수 있다. 첫째, 영과 육의 불가분의 원칙이다. '육신의 삶은 무의미하고 영적인 삶만 의미가 있다'라고 하는 비성서적인 신앙적 사고를 탈피하여, 영혼을 사랑하는 것이 몸과 마음과 물질로써 섬기며 봉사는 것이고, 어려운 처지의 사람에게 물질적으로 도움을 주는 것이 곧 그 영혼에 대한 사랑과 일치한다는 것이다. 둘째, 존엄성의 원칙이다. 인간은 신분, 직업, 신체적 및 정신적 건강, 소유의 많고 적음, 지위 등에 구애받음이 없이 차별되지 않도록 인간의 존엄성이 존중되어야 한다. 그 이유는 인간은 모두가 '하나님의 형상'(Imago Dei)을 가졌기 때문이다. 셋째, 공동체의 원칙이다. 성서는 가난한 자들에 대해 "가난한 형제, 궁핍한 형제"(신15:7,9)라고 말하고 있듯이 복지수혜대상자에 대해 형제자매라는 의식을 가지고 사회복지 실천을 해야 한다. 또한 사도 바울은 교회를 그리스도의 몸으로 비유하면서 그리스도 안에서 함께 지어지고 서로 연결되어 교회를 이룬다고 하였다(엡2:21-22). 이는 교회가 함께 연대해야 함을 말해 준다. 넷째, 지속가능성의 원칙이다. 빈곤이나 질병, 실직 등 취약계층의 문제는 일회성 처방으로 해결될 수 없으며, 문제가 해결되었다 할지라도 상황에 따라 언제든지 다시 동일한 문제에 빠질 수 있다는 점에서 기독교사회복지는 지속가능성을 원칙으로 한다. 따라서 교회는 복지대상자들이 지속적인 성장과 변화를 경험할 수 있도록 도와야 한다.

□ 함께 생각해 보기

1. 성서가 사회적 약자를 왜 가치 있는 존재로 보는가?
2. 기독교가 사회복지에 적극적으로 참여하게 된 이유는 무엇일까?
3. 복음을 전하는 것과 사회복지 혹은 사회봉사를 행하는 것은 어떤 관련이 있는가?
4. 일반 사회복지와 기독교사회복지의 차이점은 무엇인가?

기독교와 환경문제

1. 지구의 생태계 위기

21세기의 전 세계적 관심이 집중된 이슈는 한마디로 '모든 생명체의 위기'로 요약될 수 있다. 인류 문명이 발전함에 따라 인간의 삶은 편하고 안락해졌지만, 이를 뒷받침하기 위한 산업화는 인간에게 단기적인 풍요를 제공한 대신, 무분별하고 탐욕적인 개발로 인해 심각한 생태계적 위기를 맞이하게 되었다. 인간의 유일한 삶의 공간인 지구의 자연 환경이 훼손되어 인간 생존의 필수조건인 공기, 물, 땅이 오염되어 가고 있으며, 가종 배기가스는 공기 오염과 함께 오존층을 파괴하고 있으며, 기온 상승으로 해수면이 상승하였고, 사막화가 가속되었으며, 기후의 급변현상이 지구 곳곳에서 일어나고 있다. 여기에 폭발적인 인구 증가와 자원의 고갈, 그리고 핵 혹은 원자

력에 대한 공포와 위협 등 전 지구적 생명들이 생존의 위기에 놓여 있다.

2. 생태계 위기의 요인으로서의 인간중심주의

무분별한 환경파괴에 따른 생태계의 위기는 어디에서 기인하는가? 성서는 이 땅의 생태계 위기가 인간중심주의에 그 원인이 있다고 본다. 인간중심주의는 자연을 공존의 대상이 아닌, 인간이 싸우고 정복해야 할 타자로 간주한다. 인간중심주의는 산업주의 및 자본주의와 결탁하게 되면서 대량생산과 대량소비를 미덕으로 착각하게 만들었으며, 인간의 자연 지배력을 점점 더 강화시켜왔다. 그 결과 온 지구 생명공동체가 심각한 위협에 처할 만큼 생태적 위기를 맞이하게 된 것이다.

이러한 인간중심주의의 문제를 창세기 1장에서 다루고 있다. 창세기 1장 28절은 창조세계에 대해 하나님께서 요구하시는 인간의 사명을 묘사하는 구절이다. "하나님이 그들에게 복을 주시며 하나님이 그들에게 이르시되 생육하고 번성하여 땅에 충만하라, 땅을 정복하라, 바다의 물고기와 하늘의 새와 땅에 움직이는 모든 생물을 다스리라 하시니라." 이 본문에 나타난 '정복하라' 와 '다스리라' 는 말을 중세 이후부터 서구에서 인간중심적으로 해석함으로써 인간이 자연환경을 마음대로 이용하고 지배하는 것을 정당한 것으로 받아들이게 하였다. 그 결과 인간중심적 창조사상은 인간과 자연의 관계를 조화로운 관계가 아닌 주체와 객체, 지배자와 피지배자, 사용자와 피사용자의 관계로 규정되어버린 것이다. 그러나 성서가 보여주는 하나님의 다스림의 방식은 철저히 사랑과 정의에 기초한 것이다. 성서의 많은 부분에서 하나님을 '공의의 하나님'으로 묘사하고 있으며, 이스라엘의 왕의 임무도 하나님의 뜻에 의해 공의와 정의로 다스려야 함을 강조한다(시편72:2). 즉, 자연환경을 다스릴 권한을 부여받은 것은 인간이지만, 인간이 마음대로 자연환경을 훼손할 권리까지 위임받은 것은 아니며 하나님의 창조질서에 따라 모든 생명이 상생할 수 있도록 노력할 책임이 있는 것이다.

그렇다면 창세기 1장 28절의 '다스림'과 '정복함'은 어떤 의미를 갖는가? 우리말에서 '정복하라, 다스리라'는 말은 대상에 대한 권위적이고 강압적인 의미로 활용되는 경우가 많다. '정복하다'는 히브리어 동사 '카바쉬'는 '굴복시킨다'는 강한 의미가 담겨 있다. 그런데 '정복하라'는 한 단어만 봐서는 안되며, 이 단어의 의미와 해석을 제대로 하기 위해서는 전체 문맥을 살펴보아야 한다. 28절 첫 부분에서 "하나님이 그들에게 복을 주시며"라는 구절이 나오기 때문에 '자연을 정복하고 다스린다'는 의미는 하나님의 축복과 관련되어 있어서 자연의 착취나 파괴를 의미하지 않는다. 왜냐하면, 인간이 자연을 착취하고 파괴하는 것이 하나님의 축복과 거리가 멀기 때문이다. 하나님은 인간에게 땅을 선물로 주셔서 두려워하시 말고 이 땅을 잘 선용하여 풍성한 삶을 누리라는 것이다. 여기에는 결코 착취나 억압의 개념이 내포되지 않는다. 한편, '다스리다'의 히브리어 '라다'는 '복종시키다'라는 의미보다는 인간의 지배권(dominion)을 강조하기 위한 의미로 적극적으로 자연환경을 잘 보존하고 관리하라는 것으로 이해할 필요가 있다. 또한, 성서는 동물의 권리도 인정한다. 성서는 동물을 잡을 때 피까지 먹어서는 안되며(창 9:4), 아담에게 동물의 이름을 지어주게 하신 것은(창 2:19) 동물의 생명도 존중되어야 하며, 돌봄과 배려로 길러야 함을 요구한다. 그리고 안식일 계명에서도 안식일에는 사람뿐만 아니라 동물도 쉴 권리가 있음을 언급하였다(출 20:8-11). '정복하라, 다스리라'는 의미가 수탈과 억압의 의미가 아니라는 사실은 안식년법에서 명확히 드러난다. 안식년법에 의하면 매 7년째는 농사를 짓지 않고 땅을 쉬게 하는 휴경농법(休耕農法)을 명령하고 있다. 이는 땅을 비롯한 자연환경을 착취하지 못하도록 금지함으로써 생태환경을 보존하고자 한 것이다.

그런데 인간은 하나님이 창조하신 자연과 동물들의 선한 관리자가 되라는 하나님의 명령을 어기고 이기적인 욕망에 매여 인간 중심적 사고로 바꿈으로써, 자연을 공존의 대상이 아닌 정복하고 지배하며 착취할 대상으로 여기게 되었다. 인간중심적 사고는 자연과 동물, 물고기, 새, 풀과 나무 등을 하나님의 창조질서에 따라 보호하고 관리하는 것이 아니라 인간의 탐욕을 채우기 위해 훼손하고 파괴하였고, 자연은 인간의 이기적인 욕망에 의하여 심각하게 오염되었고, 심각한 환경오염과 함께 전 지구적인 생태계 위기로 나타나게 된 것이다. 따라서, 생태적 위기 극복을 위해서는 인간중심주의를 극복해야 할 것이다.

3. 인간중심주의 극복을 위한 청지기 사상

생태계 위기의 원인으로 제시된 인간중심주의를 대체해야 하는 것은 바로 '청지기(steward) 사상'이다. 하나님을 창조주로 고백하는 사람은 누구나 인간이 자연의 주인이 아니라 청지기임을 인정해야 한다. 인간이 자연의 주인 노릇을 할 때 자연은 파괴되고 훼손된다. 생태계의 회복을 위해서는 자연에 대한 특정한 인간의 독식(獨食)이 없어야 한다. 아무리 인간이라할지라도 자연을 독점하는 것은 다른 피조물의 생존 권리를 빼앗는 일이다. 이 지구는 하나님께서 인간이 모든 피조물과 함께 조화를 이루며 살아가도록 선물로 주신 것이므로, 인간이 자연을 독점하는 모든 행위는 하나님의 창조 의도에 위배된다. 인간은 청지기로서 하나님께 자연환경을 잘 가꾸고 보존하며 관리하도록 사명을 부여받은 존재이다. 자연환경에서 나오는 모든 산물은 하나님께서 모든 피조물의 번성을 위해 주신 것임을 깨달아야 할 것이다. 이는 자연환경에 대한 청지기 정신을 가질 때 가능하다. 인간이 자연을 독식하는 행위는 하나님의 창조 질서에서 어긋날 뿐 아니라, 현 세대가 후세대를 배려하지 않고 지구의 자원을 무분별하게 사용하는 것은 하나님 앞께 죄를 짓는 일이다.

비록 인간이 하나님으로부터 자연을 다스리도록 위임받았다고 할지라도 인간이 임의대로 자신의 이익과 탐욕을 위해 자연환경을 무분별하게 훼손해서는 안된다. 사람은 자연환경 혹은 생태계에 대한 책임 있는 관리인이요 청지기로서 자신의 본분을 다해야 할 것이다. '청지기' 라는 말의 어원은 '오이코노모스' (oikonomos)로, 그 뜻은 '가족을 돌보는 자' , 또는 '가정을 다스리는 자' 이다. 이는 자연과 함께 조화를 이루며 살아가는 인간은 자연환경을 마음대로 훼손하거나 군림하려고 해서는 안되며, 오히려 자연을 돌보고 가꾸어야 할 사명을 가진 존재라는 것이다. 인간은 하나님의 창조질서 내에서만 자연환경을 지배할 수 있는 권한을 가진 존재이며, 따라서 인간은 자연환경에 대한 선한 청지기의 책임을 부여받았다. 선한 청지기는 자연의 생명을 보존하고 자연을 번성케 해야 한다. 인간은 이 땅의 주인이신 하나님의 창조명령에 따라 이 땅을 하나님이 보시기에 좋도록 아름답게 가꾸어야 한다.

또한, 청지기 사상은 '어떤 목적을 위한 재산이나 책임을 맡은 자' 로서의 역할을 성실히 수행하는 것이므로, 하나님과 선조로부터 물려받은 아름다운 자연환경을 잘 관리하여 후손에게 물려줄 책임을 지고 있다. 그리고 청지기는 자연환경을 돌보는 자로, 자연환경의 보전을 위해 아끼고 나눠쓰고 재활용하는 절약하는 자로, 그리고 지구 곳곳에서 벌어지는 자연 파괴 행위를 저지하는 파수꾼으로서의 역할을 감당하도록 요구받고 있다. 청지기 정신으로 자연환경을 돌보고 가꾸는 것을 정의로운 다스림이라고 부를 수 있을 것이다.

그런데, 청지기 사상은 단순히 자연환경에만 국한되는 것이 아니라 인간 사회의 공공선(公共善에)을 위해서도 힘쓸 것을 의미한다. 인간 사회도 넓은 의미에서 자연환경의 한 부분이기 때문이다.

4. 생태계 위기 극복을 위한 성서적 모델

1) 생명공동체

오늘날의 생태계 위기는 생명 문제의 관점에서 이해할 필요가 있다. 소위 '개발' 이라는 명목으로 자행되는 생태계의 무분별한 파괴와 잠식은 생명에 대한 가치의 결핍이며, 생명에 대한 경시로부터 나타난다. 따라서 생명의 가치가 회복되지 않고서는 생태계의 위기를 극복하기 어렵다. 기독교는 창조주 하나님을 '생명의 하나님' 으로 고백한다. 성서는 하나님을 '생명의 원천' (창 2:7, 시 36:9)으로, 예수님은 자신을 '생명' (요 14:6, 11:25)이나 '생명의 말씀' (요 6:68)으로 소개하셨으며, "나는 부활이요 생명이니 나를 믿는 자는 죽어도 살겠고 살아서 믿는 자는 영원히 죽지 아니하리라"(요 11:25-26)는 말씀을 통해 '생명의 주인' 이심을 선포하셨다. 이처럼 삼위일체 하나님을 섬기는 기독교의 중심에는 '생명' 이 있다. 이러한 관점에서 기독교가 오늘날의 환경파괴와 생태계 위기의 가장 핵심적인 원인으로 보는 것은 생명의 하나님이 만드신 생명의 가치를 상실했다는 것이다. 21세기는 생명을 경시하고, 유전자를 조작하며, 개발을 위해 생명을 파괴하는 일이 만연해 있다. 생태계의 위기는 곧 '생명의 위기' 인 것이다. 지구적 생태 위기를 극복하기 위해서는 '생명의 회복' 이 이루어져야 한다. 생명의 하나님이 다스리시는 세상은 개발 중심의 가치가 아닌 생명 중심의 가치에 의해 존재하는 세상이어야 한다. 생명의 하나님은 인간의 생명만 사랑하시는 것이 아니라, 모든 생명체를 사랑하시며, 지구 생명공동체 전체가 정의롭고 평화롭게 공생공존하기를 원하신다. 이러한 정의롭고 평화로운 지구 생태환경을 유지하기 위해서는 생명의 가치가 중심이 되는 '생명공동체' 를 이루어야 한다.

'생명공동체' 는 생명의 근원이신 하나님의 섭리 속에서 인간과 사회와 모든 생태계가 공생하며 조화를 이루는 지구환경을 의미한다. 생명공동체는 단독으로는 존재가 어려우면 생태체계 간 연대와 상호협력과 교류를 통해 보다 완전해진다. 생명공동체는 인간 중심에서 인간과 자연과의 공존으로 나아가며, 갈등보다는 화해의 방향으로 나아간다. 생명공동체를 지향하는 교회는 생명에 대한 성서적 가치를 기반으로 하여, 생명의 가치를 존중하며, 생명을 돌보고, 온전케 하기 위한 모든 노력을 기울여야 한다. 생명공동체로서의 교회는 생명과 삶을 파괴하고 죽이는 세상의 문화와 무분별한 개발에 대해 적극적으로 대처하며, 이를 위해 교회들 간에는 물론 세상의 다양한 조직과 유기적인 협력 체계를 구축할 필요가 있다. 생명 공동체의 회복을 위해서는, 교회의 생명력이 교회와 신자의 범위 내에서만 영향을 미치게 해서는 안되며, 오히려 교회 밖의 사회와 자연 생태계와의 관계까지 선한 영향력을 미쳐야 할 것이다.

2) 샬롬공동체

기독교적 생명공동체는 생태계 전체의 조화로운 관계를 지향하는 '샬롬공동체' 와 관련이 있다. '샬롬' (shalom)이란 단어는 완전함(completeness), 평화(peace), 만족(contentment), 복지(welfare) 등 사용되는 경우에 따라 다양한 의미를 지니는데, 샬롬의 본래 뜻은 '조화를 이룬 온전함의 상태' (harmonious wholeness)를 의미한다. 개인적 차원에서 샬롬은 안녕(well-being)을 의미하지만, 개인적 차원을 넘어 사회적, 정치적인 평화를 의미하기도 한다. 샬롬이 의미하는 평화는 단순히 전쟁이나 무력충돌이 없는 표면적으로 평온한 상태만을 의미하는 것이 아니라, 화해와 협력과 신뢰관계가 이루졌을 때를 샬롬이라고 부른다. 성서가 보여주는 샬롬은 인간이 인간을, 그리고 인간이 자연을 억압하고 착취하지 않을 때, 하나님이 허락하시는 평화의 때를 말한다. 이러한 샬롬공동체의 모델을 성서는 이사야서에서 제시하고 있다. "그 때에 이리가 어린 양과 함께 살며 표범이 어린 염소와 함께 누우며 송아지와 어린 사자와 살진 짐승이 함께 있어 어린 아이에게 끌리며, 암소와 곰이 함께 먹으며 그것들의 새끼가 함께 엎드리며 사자가 소처럼 풀을 먹을 것이며, 젖 먹는 아이가 독사의 구멍에서 장난하며 젖 뗀 어린 아이가 독사의 굴에 손을 넣을 것이라. 내 거룩한 산 모든 곳에서 해 됨도 없고 상함도 없을 것이니 이는 물이 바다를 덮음 같이 여호와를 아는 지식이 세상에 충만할 것임이니라"(사 11:6-9). 이 구절에서 하나님이 보여주신 샬롬공동체는 영육을 포함한 개인차원의 '평안함'에서부터 사회적인, 정치적인, 더 나아가 생태계 전체의 조화와 평화와 공존을 요구하고 있다. 이 '샬롬'이야말로 하나님께서 창조하신 생명의 질서에 기초한 생명공동체를 회복하는 키(key)가 되며, 오늘날의 생태계 위기를 극복하는 해법이 된다.

그런데 이 샬롬은 앞에서 살펴본 바와 같이 샬롬의 주체가 인간만이 아닌 모든 피조물, 즉 자연만물이 되며, 공간적으로는 교회에서만 아니라 모든 사회와 자연 그리고 우주만물까지 포함되며, 시간적으로는 현 세대만 아니라 미래세대까지 다 포함한 평화의 개념이다. 환경적으로 건강한 생태공동체는 '지속가능한 발전'(sustainable development)이 가능한 지구를 지향한다. 지속가능한 발전의 의미는 그 사회를 지탱하는 기본이 되는 생태계 내에서 조화롭게 그리고 지속가능한 발전을 추구하는 것이며, 미래세대가 누릴 자연환경과 모든 자원을 현 세대가 가로채지 않고 잘 물려주는 것을 말한다. 하나님은 미래세대의 생존에 대해서도 관심을 가지신다. 대홍수 이후 하나님께서 노아와 맺은 생명과 구원의 언약에는 미래세대에 대한 하나님의 관심이 분명하게 나타난다. "내가 내 언약을 너희와 너희 후손과 너희와 함께 한 모든 생물 곧 너희와 함께 한 새와 가축과 땅의 모든 생물에게 세우리니 방주에서 나온 모든 것 곧 땅의 모든 짐승에게니라"(창 9:9-10). 이 계약은 생명의 보존에 대한 계약으로, 현새대와 미래세대를 모두 포함하면서, 동시에 모든 생물을 포함한 생태적 계약이다. 이러한 점에서 하나님이 인류에게 원하시는 샬롬공동체는 지속가능한 사회를 지향한다고 볼 수 있다.

5. 생태환경보전을 위해 가져야 할 태도

1) 모든 생명에 대한 경외심

사람은 자연을 도구가 아닌 하나님의 창조 질서 안에서 하나의 운명공동체로 이해해야 한다. 자연을 인간의 소유물로만 이해하게 될 때, 자연과 인간을 분리하여 자연을 인간의 이익을 위해 도구화할 때 하나님이 정하신 창조 질서가 무너지게 되고, 결국 환경파괴와 함께 생태계의 위기를 맞이하게 되는 것이다. 따라서 지구상의 모든 생명에 대한 경외심을 가져야 지구 환경을 살릴 수 있는 것이다. 생명경외사상(Reverence for life)을 최고의 가치로 내세운 알버트 슈바이처(Albert Schweitzer)는 이 땅의 모든 생명이 창조질서 속에서 의미와 가치를 지녔을 뿐 아니라, 하나님의 피조물로서 모든 생명마다 고유한 가치와 생명에 대한 권리를 가지고 있으며, 모든 생명은 하나님 앞에서 평등함을 주장하였다. 하나님의 형상을 따라 지음 받은 인간의 생명이 어떤 것보다 가치 있고 소중하다고 말하지만, 그렇다고 해서 자연과 다른 생명을 인간의 임의대로 좌지우지할 수는 없다. 왜냐하면 하나님은 인간의 생명은 물론 모든 생명을 소중하게 여기시기 때문이다. 자연을 숭배의 대상으로 삼아서는 안되지만 자연의 모든 생명을 소중하게 여기는 마음이 없다면 인간은 자연과 공존할 수 없을 것이다. 자연을 경외하면 자연도 인간에게 더 많은 혜택을 주게 되며, 자연을 멸시하고 파괴하면 인간의 운명까지도 해를 입게 되는 것이다. 하나님이 지으신 모든 것은 존재할 권리가 있다. 하나님이 모든 자연을 창조하셨고, 그 자연이 인간과 조화를 이루며 하나님의 뜻 안에서 서로 상생하기를 원하시기 때문이다. 하나님이 인간에게 자연을 관리할 권리를 주신 것은 하나님의 창조 질서 범위 내에서 그 권리가 인정됨을 알아야 할 것이다.

2) 생태계에 대한 올바른 창조신앙 확립

교회가 환경보존과 생태적 위기 극복을 위해서는 먼저 기독교인 개개인이 인식 전환이 요구된다. 신앙이 단순히 영적인 차원에서만 제한되지 않으며, 자연환경을 가꾸고 돌보는 것이 하나님을 기쁘시게 해드리는 신앙의 문제임을 인식해야 한다. 오늘의 생태계의 위기는 표면적으로는 기술사회와 산업사회의 부작용으로 인한 것이지만, 다른 한편으로는 인간 정신의 위기요 신앙의 위기라고 말할 수 있다. 이러한 위기는 하나님 중심의 창조 신앙을 갖지 못한 것에서 기인한다고 볼 수 있다. 이제는 과거의 편협적인 창조 신앙에 기초하여 자연의 우위만을 강조하는 인간 중심의 자연지배 신앙을 극복하고, 창조세계의 청지기로서 겸손히 자연을 소중히 여기고 돌보고 가꾸어서 후세대에 풍요로운 자연의 유산을 고스란히 전해줄 수 있는 지속가능한 발전을 지향하는 새로운 신앙관, 즉 인간과 자연이 모두 공생공존하는 창조 질서에 기초한 창조신앙으로의 전환이 필요하다.

3) 자족(自足)하는 삶의 태도

예수께서 제자들에게 가르쳐 주신 기도 중 "오늘 우리에게 일용할 양식을 주시옵고"(마 6:11)는 내용에서 '일용할 양식'의 의미는 인간이 생존하기 위해 기본적으로 필요한 매일 매일의 양식으로 한 사람에게 필요한 그 이상도 그 이하도 아닌 적정한 소유와 소비를 의미한다. 이는 환경파괴의 원인인 독점이나 과도한 축척과 상반되는 개념이다. 이러한 적정 소유와 소비는 근본적으로 자족하는 마음이 없으면 불가능하다. 성서는 이와 관련하여 기독교인이 가져야 할 성품의 하나로 자족하는 마음을 잠언서를 통해 제시하고 있다. "나로 가난하게도 마옵시고 부하게도 마옵시고 오직 필요한 양식으로 내게 먹이시옵소서"(잠 30:8)라는 기도문은 적정 소유의 개념을 잘 표현해주고 있다. 인간이 자족하는 마음을 갖지 못하는 한 환경파괴는 계속될 것이다.

한편, 자연환경을 보전하고 현재의 생태계 위기를 극복하기 위한 방안으로 환경주의자들이 제시하고 있는 대안이 바로 '생태적 금욕' 이다. 생태적 금욕은 인간의 소비행태를 변화시키지 않고서는 오늘날의 생태계 위기를 해결할 수 없다는 인식에 기초하고 있다. 인간의 욕심은 그 한계를 정해두지 않는 한 점점 더 높은 수준의 소유와 소비를 부추기게 되고, 그 결과 생태계는 인간의 욕심 앞에 고갈될 수밖에 없을 것이다. 그런데 성서가 제시하는 '자족하는 마음' 이 생태적 금욕의 기본적인 전제가 된다. 자족하는 마음은 자발적인 금욕과 절제를 가능하게 하기 때문이다. 자족하는 마음이야말로 인간의 욕구에 한계를 정할 수 있게 하는 중요한 요인이 된다. 인간의 생존과 발전을 위해서 소비는 필수적이다. 그러나 지나치게 향유하고 소비하는 것은 개인의 차원을 넘어서서 타인과 자연환경을 파괴할 수 있다. 이를 통제할 수 있게 하는 것이 성서는 '자족하는 마음' 이라고 말한다. 인간은 자연에 대한 독점과 욕심을 억제하고, 지나친 소유를 제어할 수 있는 기제로서 '자족하는 마음' 을 소유해야 할 것이다.

□ 함께 생각해 보기

1. 인간중심주의가 왜 생태계의 위기를 가져오게 했는가?

2. 성서가 이야기하는 청지기 사상은 어떤 삶의 태도를 가져야 할 것을 요구하는가?
3. 자연을 숭배하는 것과 자연을 존중하는 것의 차이는 무엇인가?
4. 자족하는 마음이 왜 생태계의 위기를 예방하는 데 도움이 되는가?

부 록

아펜젤러의 삶과 정신 그리고 건학이념

아펜젤러의 삶과 정신, 그리고 건학이념

I. 시작하는 말

배재대학교는 1885년 미국 감리교회 파송 선교사인 아펜젤러(Henry Gerhard Appenzeller, 1858-1902) 선교사에 의해 세워진 한국 최초의 근대 교육기관인 배재학당(培材學堂)에 그 뿌리를 두고 있다. 구한말 격동의 시기에 전래된 기독교는 조국의 개화와 근대화를 지향하던 지식인들과 청년들에게 희망의 메시지로 다가왔다. 기독교는 고루하고 무기력해진 전통적인 종교와 사상을 대신할 '그 무엇' 이었다. 물론 초기 한국의 선교는 직접적인 복음전파라는 형식을 띠기보다는 교육과 의료선교를 통한 간접적인 형식을 취하였다. 이것은 성리학적인 세계관을 국기(國基)로 삼고 있던 조선 정부의 배타적인 기독교 정책에 따른 것이기도 했지만, 복음전파와 삶의 변화와 개혁이 동전의 양면과 같은 것임을 자각한 선교사들이 취한 선교전략의 일환이기도 하였다.

아펜젤러는 한국에 상주한 감리교 첫 번째 선교사로 한국에서 삶을 마칠 때까지 선교, 교육, 성서번역, 교회설립 등 다방면에 걸쳐 많은 활동을 하였지만, 그 가운데서 배재학당을 설립하여 이 땅의 젊은이들에게 최초로 근대교육을 실시한 것이 우리 민족사에 끼친 가장 위대한 공헌이라 할 것이다. 그는 교육을 통해 침몰해 가는 조선의 운명을 구원할 희망을 제시했다. 물론 아펜젤러는 교육을 통해 복음을 전하는 것이 주목적이었지만, 그 복음이라는 것이 단순히 개인의 영역에 머무르는 개인주의적인 구원을 의미하지는 않았다. 기독교 신앙은 개인적, 사회적인 인간의 전 영역에 걸친 깊은 의미를 지닌다고 그는 확신하였다.

그는 초기에 미국 정부의 선교정책인 정치 불간섭주의에 따라 정치에 직접적으로 개입하거나 조정의 법과 충돌하는 것을 피하려는 온건한 입장을 취하였다. 그러나 1895년 11월 8일에 일어났던 명성왕후시해 사건 이후, 그는 조선의 왕실을 보호하고 조선 민족의 자주와 독립을 위해 보다 적극적으로 참여하였다. 이 사건을 통해 아펜젤러는 제국주의의 조선 침탈에 대한 인식을 새롭게 한 것으로 보인다. 그는 배재학당의 학생회였던 협성회의 활동과 독립협회 그리고 만민공동회를 통해 청년들을 각성시키고 조선의 자주 독립운동을 지원하였다. 아펜젤러와 배재학당을 이해하는 것은 기독교 초기의 역사뿐만 아니라 우리의 근대사를 이해하는 길이기도 하다. 이 글에서는 아펜젤러 선교사의 성서번역이나 선교 및 교회설립에 관한 활동보다는 배재학당과 교육, 그리고 민족의 자주독립운동에 초점을 맞추고 기술할 것이다.

Ⅱ. 아펜젤러의 성장과정과 선교사의 길

아펜젤러는 1858년 미국 펜실베이니아 사우더튼(Souderton)이라는 작은 마을에서 태어났다. 그의 조상은 그가 태어나기 120여 년 전에 미국으로 이민 온 경건한 독일계 스위스인이었다. 그는 공립학교 교육을 마친 후, 웨스트체스터 사범학교에 진학하였다. 그 당시 가정 형편이 어려워 그는 랭커스터의 엘리자베스 타운에서 교사로 일하면서 학비를 벌었다. 그는 이 시기에 복음 전도자 풀턴의 설교를 듣고 감동을 받고 진실로 자신의 죄를 회개하는 회심을 체험하였다. 사범학교를 마친 후, 그는 1878년 랭커스터에 있는 프랭클린 마샬 대학에 진학하였다. 이때 그는 랭커스터 제일감리교회에 등록하였다. 그는 본래 개혁교회(장로교) 출신이었으나, 보다 자유롭고 영적인 체험을 활발하게 표현하는 감리교가 자신에게 더 적합하다고 생각하여 감리요인이 된 것이다. 그는 그리스도를 위해 온전히 헌신할 것을 다짐하면서 1881년 2월 26일자 일기에 다음과 같은 글을 남겼다. “나에게 꿈이 있다면, 그것은 주님께 봉사하는 데 나 자신을 온전히 바치는 것이다.” 그는 이러한 결심을 행동으로 옮겨 다음해에 뉴저지 메디슨에 있는 드류신학교에 입학하였다. 감리교 계통의 이 신학교는 학문적인 훈련과 개인적인 경건을 동시에 강조하며 유능한 복음전도자를 양성하는 것을 목표로 하였다 이 신학교 동료였던 앤더슨 감독은 후에 신학교 시절의 아펜젤러에 대해 다음과 같이 회상하였다: “그는 몸이 늘 긴장하고, 날카로운 눈매에 집중력이 대단하였으며, 학자적인 면모를 갖추고 있었다. 그는 비상시를 대비해 힘을 비축해 놓았다. 학창 시절 내내 학업에 충실하였을 뿐만 아니라, 평소에도 부모님이 베풀어 준 은혜에 항상 감사하고 효도하려는 마음을 잃지 않았다." 교수들도 아펜젤러가 "판단력이 뛰어나며, 부지런한 학생"이라고 칭찬을 아끼지 않았다.

아펜젤러는 드류시절 친구 워즈워드와 해외선교에 대해 관심을 갖고 함께 책을 읽으며 비전을 나누었다. 아펜젤러는 처음에 일본선교에 관심을 가졌으며, 워즈워드는 잘 알려지지 않았던 조선에 관심을 가지고 미감리교선교부에 선교사 청원을 하여 허락을 받기까지 하였다. 하지만 워즈워드는 후에 개인적인 사정으로 조선으로 선교사로 가려는 계획을 포기하지 않으면 안 되었다. 아펜젤러는 이제 하나님께서 자신을 조선의 선교사로 부르고 계시다는 마음의 소리를 듣고, 그 부름에 응답하기로 결심하였다. 1883년 10월, 아펜젤러는 드류신학교 대표로 코네티커트 하트포드에서 개최된 전국 신학교동맹집회에 참가하였다. 이때 그는 같은 선교사의 꿈을 가지고 있던 열정적인 장로교회 신학생 호레이스 그랜트 언더우드를 만났다. 두 사람은 서로 가까운 친구가 되었고, 이후 조선의 선교사로 함께 사역하게 되었다.

아펜젤러가 드류신학교에 입학하던 1882년 5월 22일에 조선의 강화도에서는 조미수호조약이 체결되었다. 다음 해 4월 10일에 미국 초대 공사로 후트가 조선에 왔다. 이에 대한 답례로 조선정부는 민영익을 전권대사로 하는 보빙사절단을 미국에 파견하였다. 이들은 샌프란시스코에 도착하여 대륙횡단 열차를 타고 워싱턴으로 향하였다. 이 열차에 볼티모어에 있는 가우처 대학 총장이자 감리교 목사였던 존 F. 가우처(John F. Goucher) 박사가 동승하고 있었다. 그는 조선에서 온 이상한 차림의 낯선 사람들에게 호기심을 가졌다. 그는 이들과의 대화를 통해 조선에는 아직 복음이 전파되지 않았음을 알고, 이곳에 선교의 필요성을 절감하였다. 그는 집으로 돌아와 뉴욕에 있는 감리교 선교부에 2,000 달러를 기부하면서 조선에 선교사를 파송해 줄 것을 요청하였다. 미선교부는 즉시 당시 일본에 주재하던 맥클레이 선교사에게 조선을 방문하여 선교가능성을 타진하도록 하였다. 1883년 6월 24일부터 7월 8일까지 서울에 체류하면서 맥클레이 선교사는 개화파 인사였던 김옥균의 도움으로 고종을 알현하고, 교육과 의료분야의 선교를 윤허 받게 되었다. 아펜젤러가 미국을 떠나기 전 이미 이러한 일이 예비 된 것이었다.

아펜젤러는 드류를 졸업하기 전인 1884년 12월 17일에 엘라 닷지와 랭커스터 제일감리교회에서 결혼하였다. 결혼한 지 사흘 뒤, 아펜젤러는 미감리교 선교부로부터 조선선교사로 임명을 받았다. 1885년 1월 14일, 드류신학교 교수들과 학생들은 아펜젤러 부부를 위해 파송예배를 드리고, 기차역까지 따라 나와 전송하였다. 그들은 아펜젤러 부부가 낯설고 위험한 먼 나라 조선에서 자신들을 대신하여 그리스도의 일꾼으로서 사명을 다하도록 기도하였다. 1885년 2월 2일, 그는 조선으로 출발하기에 앞서, 샌프란시스코에서 파울러 감독에 의해 목사안수를 받았다. 그 다음날 아펜젤러 부부와 의료선교사로서 함께 조선으로 떠나는 스크랜튼 가정과 태평양 우편선을 타고 일본으로 향했다. 긴 항해 끝에 그들은 2월 27일 요코하마에 도착하여 일본주재 선교사 맥클레이의 영접을 받았다.

맥클레이의 집이 있는 동경에서 한 달 가까이 체류한 후, 일행은 일본기선을 타고 요코하마를 출항하여 3월 28일 나가사키에 도착하였다. 이곳에서 며칠 쉬고 일행은 이미 이곳에 도착해 있던 언더우드 선교사와 함께 조선으로 향했다. 이 기선은 부산에서 일박한 후, 출항하여 마침내 4월 5일 부활주일 오후 3시경에 제물포에 도착하였다. 아펜젤러는 도착 한 후에 다음과 같은 기도를 드렸다: "사망의 빗장을 산산이 깨뜨리시고 부활하신 주님께서 이 나라의 백성들이 얽매여 있는 굴레를 끊으사 그들에게 하나님의 자녀가 누리는 빛과 자유를 허락해 주옵소서!" 이 기도에서 보듯이 아펜젤러는 복음을 전파하는 것은 물론이고, 조선 사회를 억압하는 모든 사상과 제도를 개선하여 참된 인간의 권리를 회복시키려는 의지를 보여주고 있다.

그들은 지난해 12월 4일에 있었던 갑신정변의 여파로 인한 정치적인 혼란 때문에 곧바로 서울(한성)로 들어가지 못하고 제물포에 일주일간 머물렀다. 아펜젤러의 부인인 닷지는 임신 중이었기 때문에 건강상의 안전을 위하여 아펜젤러와 함께 나가사키로 돌아 간 후, 6월 20일에 다시 제물포에 돌아올 수 있었다. 그는 한 달여 동안 제물포에 머물다 마침내 1885년 7월 29일 꿈에 그리던 서울에 입성하였다.

Ⅲ. 아펜젤러와 배재학당

1. 배재학당의 설립

아펜젤러가 조선에 와서 가장 중요하게 생각한 것은 복음의 전파였지만, 아직 여건이 성숙되지 않았다. 아펜젤러가 오기 전에 맥클레이가 고종으로부터 허락받은 것은 의료와 교육선교였기 때문에, 의료사업은 함께 온 스크랜톤이 담당하였고, 자신은 교육사업에 전념하고자 하였다. 그는 도착한 지 한 달도 채 되지 않아 버려진 아이들 몇 명을 놓고 '하우스 스쿨' 로 시작하였다. 이렇게 빨리 학교를 시작할 수 있었던 것은 교육에 대한 조선인의 관심과 조정의 적극적인 지원 덕분이었다. 그는 다음 해 6월 8일에 정식으로 학교를 개교할 수 있었다. 그는 조선인의 교육에 대한 관심을 다음과 같이 기록하고 있다: "얼마 전 왕실 농장의 책임자를 방문한 자리에서 학교를 시작할 계획을 말하면서 영어를 배우고 싶은 자녀가 있으면 기꺼이 가르쳐 주겠다고 했더니 고맙다면서 좋은 일인데 기꺼이 아들을 내게 보내겠다고 했습니다. 또 며칠 전에는 젊은 '양반' 한 사람과 이야기를 나누었는데, 영어를 배우기 위해 오겠다고 했습니다."

이러한 조선인의 교육에 대한 관심과 아펜젤러의 열정과 헌신으로 인해 아펜젤러가 시작한 학교는 큰 호응을 얻게 되었다. 당시 문호를 개방한 조선은 영어를 할 수 있는 사람이 필요하였다. 아펜젤러가 세운 학교에서 영어를 배운지 채 1년도 안 된 학생이 관리로 채용되자 소문을 듣고 많은 사람들이 몰려들기 시작하였다. 이들의 관심은 영어를 배워 관직에 나가는 것이었다. 당시 조선은 백성들을 억압하고 착취하는 타락한 관리들이 많았다. 아펜젤러는 자신의 학교 학생들은 이러한 관리들과는 다른 섬기는 지도자가 되어야 한다고 생각하였다. 그래서 그는 "너희 가운데 크고자 하는 사람은 섬기는 사람이 되어야 한다" (마태복음 20장26절)는 예수님의 말씀을 학교의 교훈으로 삼았다.

1887년 2월 21일 고종도 아펜젤러의 학교를 인정하여 직접 "배재학당(培材學堂)" 이라는 이름을 직접 지어 하사하였다. 이 이름은 "인재를 양성하는 학교" 라는 뜻이며, 영어로는 "A school for raising useful men" 이라고 하였다. 이로서 배재학당은 단순한 사립학교의 차원을 넘어 국왕에 의해 인정된 공립학교의 성격을 띠고, 오랜 유교의 전통을 잇는 서원 대신에 근대 서양 학문은 배우는 전당이 된 것이다. 이 해 배재학당은 정동언덕에 새로운 교사를 짓기 시작하였다. 벽돌로 지은 르네상스식 1층 건물로 4개의 교실과 강당과 도서실, 그리고 반지하에 산업부를 위한 출판사도 있었다. 이 건물은 최초의 서양식 근대건물로 곧 장안의 명물이 되었다. 배재학당은 조선인들에게 서구의 학문과 문명을 소개하는 창구가 되었으며, 한국 근대문명의 발상지가 되었다.

2. 배재학당과 협성회

그 후 배재학당은 많은 굴곡을 겪은 후 1895년 2월 16일 조선 정부와 200여 명의 정부 위탁생을 파견하는 협정을 체결함으로써 명실상부한 조선의 대표적인 교육기관으로 인정받게 되었다. 이 협정은 조선정부를 대표한 외부 서기관 현채와 미 감리교 선교부를 대표한 배재학당장 아펜젤러 사이에 체결되었다.

아펜젤러와 배재학당은 이후 아관파천, 대한제국수립이라는 숨가쁘게 전개된 정치적인 소용돌이 속에서 충군애국적인 입장을 보임과 동시에 자주독립과 민족의식을 고취시키는 일에 앞장섰다. 이 운동의 핵이 된 것이 바로 배재학당 내의 학생회로 출발한 협성회였다. 협성회는 교장이었던 아펜젤러 목사의 요청을 받고 배재학당에서 특별 연속강의를 실시하던 서재필에 의해 조직되었다. 또한 이 협성회는 독립협회의 자매단체로서 독립협회활동에 적극적인 동반자 역할을 감당하였다.

협성회는 최초로 토론회를 개최하여 민주적인 토론의 방법을 훈련하고 사회의식, 민족의식을 함양한 학생 청년조직이었다. 그뿐만 아니라 기관지로 간행된 주간 〈협성회 회보〉와 최초의 일간 신문인 〈매일신문〉을 발행하여 보수적인 관료와 민중들을 각성시키는 데 큰 역할을 감당하였다. 독립협회와 독립신문이 자주 개화를 위한 민족운동의 횃불을 붙였다면, 협성회는 그 절정에 이른 민중운동을 더욱 가속화시켰다. 이 모든 일에 서재필의 역할이 큰 것이 사실이지만, 당시 배재학당이 교장이었던 아펜젤러의 도움이나 허락이 없이는 불가능한 일이있다.

서재필은 갑신정변이 실패한 후 일본을 거쳐 미국으로 망명한 후, 1895년 12월 말 박영효의 권유로 12년 만에 미국시민의 자격으로 귀국하였다. 그는 귀국 후 실권이 없는 중추원 고문으로 임명되었으며 그 후 정부의 보조로 1896년 4월 7일에 독립신문을 간행하였다. 서재필이 아펜젤러의 부탁을 받고 배재학당에서 특별 연속강의를 시작한 것은 독립신문을 발행한 지 한 달 조금 지난 1896년 5월 21일부터 이다. 1896년은 아펜젤러가 배재학당에 영문학부, 한문학부, 신학부를 설치하여 학교로서의 체계를 강화한 해였다. 또한 1895년부터 200여 명에 가까운 정부 파견 학생들이 배재학당에서 위탁교육을 받고 있을 때이다. 독립신문은 서재필이 매주 목요일 하오 3시부터 배재학당에서 세계지리, 역사, 정치학 등을 강의하여 국내정세를 학생에게 소개함으로써 한국의 국제적 위치를 알게 하는데 기여하였다고 평가하였다. 협성회가 창립된 것은 서재필이 이 연속특별강연을 한 지 6개월이 지난 11월 30일이었다.

협성회는 회원들 간의 친목과 권학뿐만 아니라, 애국 애족하는데 그 목적이 있었다. 협성회가 처음 창립되었을 때, 회원은 불과 10여 명에 불과했으나, 〈협성회 회보〉가 창간된 1898년 초에는 이미 회원이 200여 명으로 늘었다. 협성회는 학생 회원들에 의하여 운영되었으며, 이 회원들 중에는 독립협회에 가담하여 상당한 활동을 하던 자들도 있었는데, 남궁혁, 노병선, 이승만, 신흥우, 오긍선, 양홍묵, 윤창렬 등이 그들이다.

협성회의 활동 중 가장 중요한 일은 토론회였다. 토론회는 매주

토요일 하오 2시에 배재학당에서 열렸으며, 토론 외에도 회무도 의논하였고 특별한 의제가 있을 때에는 특별회를 개최하였다. 토론의 주제에 찬성하는 가(可)편과 반대하는 부(否)편의 연설자와 토론자를 각 2명을 정하여 연실과 토론을 전개하였다. 토론의 결정은 회원 방청인의 다수에 따라 결정하였으나, 연설을 잘하고 못함은 별도로 판정하였다. 토론의 주제는 2주일 전에 결정하고 회보에 1주일 전에 게재함으로써 회원 모두가 먼저 주제 내용을 사전에 알도록 하여 토론활동에 적극적으로 동참하도록 유도하였다.

토론 주제는 협성회가 기본적으로 배재학당의 학생회라는 성격에 부합되게 처음에는 국한문혼용, 학생복장의 착용, 여성교육, 체육교육, 남녀교제의 자유 여부 등 교육과 학생활동과 관련된 주제들이 채택되었다. 그러나 제6회부터 점차 토론의 주제가 정치, 경제, 사회, 문화 전반으로 확대되어 감을 볼 수 있다. 주제의 내용은 주로 자유민권, 민족의 자주독립, 개혁자강에 관한 것이었다. 한마디로 유교적 봉건사회를 개혁하여 서구적 민주사회 건설을 지향하는 것이었다. 이것은 아펜젤러의 인도로 기독교의 이념을 바탕으로 서구 민주주의를 교육을 받는 배재학당의 학생들에겐 당연한 것이었다.

토론회는 협성회 창립에서부터 〈협성회 회보〉가 간행된 기간에 가장 왕성하게 이루어졌다. 협성회의 토론회는 최초로 학생들에게 민주적인 회의와 토론을 훈련시키고, 사회와 민족의 문제를 공론화 시키고 해결방안을 모색하는 장이었다. 협성회의 다른 애국계몽단체, 청년단체들이 스스로 당면한 사회 민족 문제를 제기, 토론하고 해결하는 과정과 참석자들의 근대의식과 민족독립의식 함양에 적지 않은 영향력을 끼쳤다.

Ⅳ. 아펜젤러의 자주독립 운동 지원

1. 아펜젤러와 독립협회

1894년 이후 조선은 동학혁명, 청일전쟁, 을미사변으로 정치적 혼란 속으로 빠져 들어갔다. 1896년 2월 11일 일본 세력에 신변의 불안을 느낀 고종은 친러파의 도움으로 러시아 공사관으로 피신하였다. 이후 열강의 이권다툼은 더욱 치열해졌다. 아관파천이 단행된 이후인 7월 1일에 독립협회가 창립되었다.

독립협회는 정부의 외세의존정책에 반대하는 개화 지식층이 한국의 자주독립과 내정개혁을 표방하고 활동하였다. 〈독립신문〉을 발간하여 민중계몽에 나선 서재필을 중심으로 이상재, 이승만, 윤치호 등이 적극 참여하였으며, 협회 발족 당시에는 이완용, 안경수 등 정부 요인들도 다수 참가하였다. 1896년 11월 모화관을 독립관으로 개칭하여 집회장으로 사용하였으며, 영은문 자리에 독립문을 세워 독립정신의 상징으로 삼았다. 1897년 2월에는 러시아 영사관에 머물러 있던 고종에게 환궁할 것을 호소하여 이를 결행하게 하였다.

아펜젤러는 배재학당에 관한 한 보고서에서 배재학당 학생들이 독립문 정초식에 참석한 사실을 설명하면서, 이것이 분리된 어떤 사건이 아니라 고종의 환궁, 서재필의 출강과 협성회의 조직과 활동과 유기적인 관련이 있음을 기록하고 있다. 1897년 8월 23일 아펜젤러의 주도로 기독교인들과 독립협회 회원들과 정부 관원이 함께 '대군주 폐하 탄일 경축회'를 개최하였는데, 이는 단순한 경축식이 아니라 위국위민의 대규모 집회의 성격을 띠게 되었다. 아마도 이러한 교회적인 조직력을 통하여 성숙된 민중대회가 후에 독립협회 주도하에 열린 만민 공동회 같은 대중집회를 가능하게 되었을 것이다.

1898년 5월 14일 독립협회를 이끌던 서재필이 정부의 탄압으로 인해 미국으로 되돌아간 후 아펜젤러는 잠시 〈독립신문〉의 편집을 맡았으나, 선교부의 반대로 윤치호에게 물려주었다. 여기에서 우리는 일관되게 정치 불개입주의를 견지하는 미국정부의 정책에 따른 미선교부의 입장과 조선의 자주와 독립운동에 직, 간접적으로 참여하려는 아펜젤러의 입장이 충돌하고 있음을 볼 수 있다. 아펜젤러는 〈독립신문〉이 지속되기를 희망하였고, 이를 위해 뒤에서 많은 협조를 아끼지 않았다.

2. 아펜젤러와 만민공동회

독립협회의 후반기는 만민공동회를 소식하고 투쟁을 하던 시기였다. 만민공동회는 점점 노골화되는 러시아의 한반도에 대한 침략기도를 사전에 분쇄하고 국권을 수호하고 자주독립을 유지하기 위해 열렸다. 1898년 3월 종로 광장에서 부산의 절영도를 함대를 위한 석탄 저장고 기지로 사용하기를 원하는 러시아의 요구를 거부하고, 러시아인 탁지부 고문과 군부 교련사관의 해고를 요구하였다. 이러한 결의문을 통과시키기 위해 많은 연사들이 나와 열띤 연설을 하였는데, 연사들은 배재 협성회 회원들이 중심이 되었는데, 이승만, 문경호, 현공렴 등이 바로 그들이다. 만여 명의 민중이 자발적으로 참여하여 질서정연하게 주권과 자주독립을 주장하는 모습은 정부 관리뿐만 아니라 서울 주재의 각국 외교관들에게도 큰 충격을 주었다. 그 결과 러시아의 기도는 좌절되었다.

고종은 처음에 만민공동회에서 제기한 6개조의 실행을 약속하였으나 정부 대신들이 이권에만 눈이 어두워 약속한 지 며칠이 지나도 아무런 실행을 보이지 않았으므로 독립협회에서는 정부탄핵의 외침이 점점 드높아 갔고, 정부 관리들은 불안을 느끼기에 이르렀다. 이에 정부는 '독립협회가 황제를 폐하고 공화제를 실시하려 한다' 고 무고함으로써 이상재 이하 17명의 독립협회 간부를 체포하게 하였다. 윤치호는 다행히도 자기 집을 포위하고 있는 것을 피해 아펜젤러의 집에 숨어 있다가, 다시 남감리교 선교사인 리드(Rev. V. F. Reid)의 집에 숨어 체포를 면할 수 있었다.

이 소식을 들은 배재 협성회의 초대회장이었던 양홍묵이 이승만과 함께 아펜젤러의 집에 숨어 있던 윤치호를 찾아가서 투쟁방법을 협의하였다. 여기서 가능한 많은 군중을 동원하여 투쟁할 것을 결성하였다. 이들의 투쟁은 성공을 거두어 17명의 지도자들이 석방되었다. 이런 만민공동회의 승리는 배재학생들에게 민족독립운동의 전통을 그들의 가슴 속에 깊이 심어주는 좋은 기회가 되었고, 그 이후 지속된 배재의 독립운동 참여는 이러한 역사적인 흐름에서 보아야 한다.

그러나 정부 내의 수구파는 어용단체인 황국협회를 시켜 보부상 수천 명을 서울에 불러들여 독립협회 회원들에게 테러를 가하게 하여 유혈사태를 빚었다. 이에 흥분한 민중은 고관의 집을 습격하는 등 소란을 일으키게 되었다. 11월 고종은 부득이 내각을 개편하고 양 협회 대표자에게 그들의 요구를 모두 수용할 것을 약속하고 해산을 명하였다. 그러나 고종과 수구파들은 약속을 이행하지 않고 또다시 만민공동회의 지도자들을 체포하기 시작하였고, 마침내 12월 25일 고종은 만민공동회를 불법화하여 완전히 해산시켰다.

위에서 언급한 대로 이 만민공동회 운동에 아펜젤러와 배재학당 학생들이 깊이 개입되었다. 특별히 독립협회가 해산당하고 정부가 보부상을 동원하여 만민공동회가 대대적인 탄압을 가할 때, 배재학당 학생들은 이에 저항하였다. 배재학당 학생으로 만민공동회에 적극적으로 가담하였던 이승만도 아펜젤러가 아끼는 학생이었다. 이승만이 만민공동회 사건으로 체포되어 종신형으로 옥살이를 할 때, 아펜젤러는 그와 그의 가족을 돌보았다.

독립협회와 만민공동회가 해산된 이후에도 아펜젤러와 배재학당에 대한 의구심은 사라지지 않았다. 배재학당에서 일종의 국회인 '민회'를 다시 세운다는 소식에 정부는 이를 금하도록 미국공사관에게 계속 요청하였고, 아펜젤러 역시 이러한 협조 요청을 더 이상 무시할 수 없었다. 그래서 아펜젤러는 배재학당과 민회와 연결시키는 것을 강하게 거부하고 한 동안 정치적인 문제 개입에 조심하였다. 아펜젤러는 자신의 적극적인 정치적인 개입으로 이제 막 뿌리를 내리려고 하는 배재학당과 한국 감리교회를 위험에 처하게 할 수 없었으리라 생각된다.

V. 아펜젤러 정신

1. 아펜젤러 정신의 뿌리

아펜젤러는 선교사와 목사로서 당연히 그의 사상적 뿌리는 기독교 정신이다. 그는 웨스트체스터 주립 사범학교 다닐 때인 1876년 10월 1일에 회심체험을 했고, 이 날을 영적인 생일로 삼았다. 회심이란 원래 그리스어로 '메타노이아(metanoia)' 로 '돌아서다' 라는 의미이다. 자신이 이제까지 살았던 세상적인 삶의 방식, 생각, 가치관으로부터 하나님께서 예수님을 통해 보여 주셨던 '하나님 나라' 의 삶의 방식으로 돌이키는 것을 의미한다. 회심을 통해 이제까지 살았던 자신의 삶의 모습과 죄를 회개하고, 새로운 삶에 대한 결단이 뒤따른다. 회심을 통해 하나님 앞에 선 자신의 참된 모습을 깨닫게 되며, 하나님 안에 있는 새로운 존재로 거듭나게 되는 것이다.

아펜젤러의 회심은 나중에 예수 그리스도를 위해 온전히 헌신할 것을 다짐하면서 신학교에 가는 것으로 이어진다. 앞에서 언급한 바와 같이 아펜젤러는 신학교에 가기 전인 1881년 2월 26일자 일기에 "나에게 꿈이 있다면, 그것은 주님께 봉사하는 데 나 자신을 온전히 바치는 것이다."라고 말하고 있다. 이러한 결단이 그 당시 미지의 땅, 위험한 곳으로 인식되던 조선에 선교사로 나아가는 진취적이고 도전적인 행동의 원동력이 된 것이다. 그의 꿈과 열정은 바로 이러한 신앙에 뿌리 받고 있었다. 소명이 있는 사람은 어떠한 환경에 구애받지 않고 이를 돌파해갈 용기를 얻게 되는 것이다. 그는 이러한 소명감으로 조선에서 교육과 선교와 민족 자주독립운동을 지원하면서 겪었던 많은 난관에 굴하지 않고 한국 근대사에 길이 남을 위대한 업적을 남길 수 있었다.

2. 기독교 정신과 아펜젤러의 교육철학

아펜젤러는 사범학교를 다니고, 공립초등학교에서 교사로 잠시 일한 바 있다. 그는 여기서 전인적인 교육에 대한 실제적인 방법을 실험했고, 회심한 이후로는 자신의 신앙에 기초한 새로운 인간교육에 대해 고민했다. 이러한 경험이 전혀 예기치 않게 조선 땅 배재학당에서 꽃피울 수 있었던 것은 하나님의 은혜라고 말하지 않을 수 없다.

그의 삶과 사상이 그렇듯이 그의 교육철학도 기독교 정신에 뿌리

내리고 있다. 기독교 정신의 핵심은 예수님의 가르침이다. 예수님은 자신의 삶을 통해 자신의 가르침을 몸소 보여주신 분이다. 예수님은 유대교의 형식적인 제의나 전통에 매몰되어 참 하나님의 뜻을 왜곡하고 허위와 위선 속에 살고 있는 당시의 유대교인들에게 참 하나님이 원하시는 바가 무엇인지를 가르치셨다.

한 번은 유대인 율법사가 예수님께 나아와 율법 중에서 어느 계명이 가장 크냐고(중요하냐고) 물었다. 이에 예수님은 "네 마음을 다하고 목숨을 다하고 뜻을 다하여 주 너희 하나님을 사랑하라 하셨으니 이것이 크고 첫째 되는 계명이요, 둘째도 이와 같으니 네 이웃을 네 자신과 같이 사랑하라 하셨으니, 이 두 계명이 온 율법과 선지자의 강령이라" (마태복음22:37-40)고 말씀하셨다. 율법과 선지자란 구약성경을 말한다. 말하자면 성경의 전체 내용을 요약하면 하나님 사랑과 이웃 사랑이라는 것이다. 믿음을 강조했던 사도 바울도 "사랑은 율법의 완성" (로마서13:10)이며, "온 율법은 네 이웃을 사랑하기를 네 자신과 같이 하라 하신 한 말씀에 이루어졌다" (갈라디아서5:14)고 말씀했다.

예수님은 율법과 선지자, 즉 구약 전체의 핵심을 다른 식으로 표현하신 바가 있은데 그것이 바로 황금률이라고 부르는 말씀이다. "무엇이든지 남에게 대접을 받고자 하는 대로 너희도 남을 대접하라 이것이 율법이요 선지자니라." (마태복음7:12) 이것은 "네 이웃을 너 자신과 같이 사랑하라"는 말씀과 일맥상통한다고 볼 수 있다.

아펜젤러의 교육철학의 핵심은 예수님이 이해한 성경의 핵심인 하나님에 대한 사랑과 이웃사랑이라고 할 수 있고, 이것을 교육현장에서 실천하고자 했다. 그가 자신처럼 사랑한 사람은 피 한 방울 섞이지 않은 조선 사람들이며, 특별히 젊은 학생들이었다.

3. 배재학당의 교훈인 "크고자 하거든 남을 섬기라"의 의미

앞에서 언급한 바와 같이, 아펜젤러가 세운 배재학당에서 영어를 배운지 채 1년도 안 된 학생이 관리로 채용되자 소문을 듣고 많은 사람들이 몰려들기 시작하였다. 이들의 관심은 영어를 배워 당시의 타락한 관리들처럼 출세하여 남을 지배하고 남들로부터 섬김을 받는 높고 힘이 센 사람이 되는 야망을 품고 있었다. 아펜젤러는 자신의 학교 학생들은 이러한 관리들과는 다른 섬기는 지도자가 되어야 한다고 생각하였다. 그래서 그는 마태복음20:26에 기초하여 '크고자 하거든 남을 섬기라' 는 예수님의 말씀을 학교의 교훈으로 삼았다. 예수님은 자신이 가장 중요한 계명으로 생각하는 사랑을 섬김으로 실천하셨다. 예수님은 자신을 '섬기는 자' 로 규정한다. "앉아서 먹는 자가 크냐 섬기는 자가 크냐 앉아서 먹는 자가 아니냐 그러나 나는 섬기는 자로 너희 중에 있노라." (누가복음 22:27) 이러한 섬김이 정신이 배재학당의 교훈이 된 것이다.

배재학당의 교훈이 기초하고 있는 마태복음20:26의 성서적인 맥락은 이렇다. 예수님은 제자들과 함께 예루살렘으로 향하고 있었다. 당시 예루살렘은 로마와 결탁한 통치자, 대제사장과 서기관들이 지배하고 있는 기득권체제의 심장부였다. 예수님이 하나님의 뜻과 '하나님의 나라', 하나님의 새로운 통치의 도래를 선포한 것이 자신들의 기득권을 허무는 일임을 직감한 이들이 예수를 죽이려고 음모를 꾸미는 음험한 곳이었다. 예수님은 자신이 예루살렘에서 고난을 당하고 십자가를 지고 죽을 것을 세 번씩이나 예고했음에도 제자들의 귀에는 들어오지 않았다. 그들은 오히려 예루살렘에서 새롭게 열 '하나님의 나라' 에서 어떤 높은 자리를 차지하게 될 것인가에 관심이 팔려있었다.

저마다의 속셈을 드러내지 않고 눈치만 보던 제자들 속을 과감하게 뚫고 세배대의 아들의 어머니가 예수 앞에 용감하게 나아왔다. 그 어머니는 자신의 아들, 즉 야고보와 요한을 위해 주님의 나라가 오면 주님의 좌편과 우편의 자리를 달라고 요청한다. 이러한 어머니의 요청에 예수님은 당신은 당신이 구하는 것이 무엇인지 모른다고 말한다. 어머니의 요청을 듣고 있던 다른 제자들은 그 어머니의 두 아들이자 자신들의 동료인 두 사람에게 분노한다. 자신들도 생각하는 그 자리를 그들이 선점할 것 같은 것에 대한 분노이다. 이러한 한심한 제자들을 바라보시던 예수님은 이들을 모아 놓고 이렇게 말씀하신다.

"이방인의 집권자들이 그들을 임의로 주관하고 그 고관들이 그들에게 권세를 부리는 줄을 너희가 알거니와, 너희 중에는 그렇지 않아야 하나니 너희 중에 누구든지 크고자 하는 자는 너희를 섬기는 자가 되고 너희 중에 누구든지 으뜸이 되고자 하는 자는 너희의 종이 되어야 하리라. 인자가 온 것은 섬김을 받으려 함이 아니라 도리어 섬기려 하고 자기 목숨을 많은 사람의 대속물로 주려 함이니라." (마태복음20:25-28)

고대 사회에서 섬기는 자는 노예이지 자유인이 아니다. 여기서 이방인의 집권자들은 그 당시 로마제국의 황제일수도 있고, 이스라엘 주변 나라 통치자들일 수도 있다. 고관들은 말 그대로 고위직에 있는 자들이다. 이들은 지상에서 가장 힘 있는 자들이며 자신들의 백성을 임의로 주관하는 절대자이다. 그들의 마음이 결정이 곧 법이다. 이들은 힘에 의해 거짓된 평화를 유지한다. 예수님은 이들을 큰 자라고 하지 않는다. 예수님은 이들 이방인의 집권자들과는 달리 진정으로 큰 자가 되려는 자는 섬기는 자가 되고, 으뜸이 되고자 하는 자는 종이 되어야 한다고 말씀하신다. 여기에서 기존의 큰 자와 으뜸인 자의 개념이 전복되어진다. 그뿐만 아니라, 기존의 섬기는 자나 종의 개념도 새롭게 정의된다. 예수님이 말씀하는 섬김은 힘 있는 자들에게 아부하거나 신분상 어쩔 수 없이 행하는 강요된 행위가 아니라, 사랑에 기초한 자발적인 행위이다. 사랑의 구체적인 표현이 섬김이다. 진정한 섬김은 자유와 사랑이 전제되어야 한다. 사도 바울도 이렇게 말씀하셨다. "형제들아 너희가 자유를 위하여 부르심을 입었으나 그러나 그 자유로 육체의 기회를 삼지 말고 오직 사랑으로 서로 종노릇 하라" (갈라디아서 5:13)

종교개혁자 마르틴 루터도 신앙과 사랑과 섬김의 관계를 다음과 같이 표현하였다.

> "신앙 안에서 그리스도인은 더 할 수 없이 자유로운 만물의 주인으로 아무에게도 예속되지 않지만, 사랑 안에서 그리스도인은 더할 수 없이 충실한 만물의 종이며 모든 사람에게 예속된다."

VI. 나가는 말: 아펜젤러의 삶과 죽음 속에서 구현된 배재정신

아펜젤러의 전기를 쓴 그리피스는 아펜젤러가 "한국인의 절실한 필요를 채워주고 한국의 정신적, 사회적, 정치적 질병을 치료하기 시작"했다고 평가하였다. 아펜젤러는 회심한 후 신학을 공부하고, 조선에 선교사로 파송된 이후, 그의 삶은 예수님의 정신을 따라 하나님을 사랑하고 이웃을 사랑하고 섬기는 삶이었다. 보통 이웃을 사랑하고 섬길 때, 그 이웃은 자신의 친족이거나 호혜적인 행동을 기대하는 사람들이다. 그러나 아펜젤러는 조선이라는 낯선 나라에서 피 한 방울 섞이지 않고, 어떤 상호적인 대가를 기대할 것이 없는 조선인을 위해 헌신한 사람이다. 처음 조선에 올 때 잘생긴 건장한 청년이었는데, 돌아가시기 전 마지막 안식년을 맞아 미국을 방문했을 때는 눈에 띠게 몸무게가 줄고 초췌해지고 머리는 희어져 마치 초로(初老) 같은 모습이어서 보는 사람들의 눈시울을 뜨겁게 했다. 많은 친구들은 조선 선교활동을 마치고 그냥 미국에 머물라고 권면

했다. 그러나 아펜젤러는 조선에 남겨둔 배재학당의 학생들과 교인들 생각에 그럴 수 없었다. 그는 친구들에게 이렇게 말했다. "미국이라고 해서 조선보다 하늘나라에 더 가까운 것이 아니네. 나는 나의 도움이 필요한 조선으로 가야하네."

그는 조선에 돌아와서도 배재학당, 교회, 조선의 자주독립을 위해 헌신의 노력을 하였다. 그는 마지막 목숨도 그가 사랑했던 조선인을 위해 아낌없이 내어놓았다. 1902년 6월 11일, 그는 목포에서 있었던 성서번역자 회의에 참석하기 위해 배를 타고 가고 있었다. 그는 자신의 조사(助事)겸 성서번역자로 수고하고 있던 조한규와 정신여학교를 다니고 있넌 한 여학생과 동행하였다. 그날 바다는 안개로 자욱하였다. 군산 앞바다 어청도 근처에서 그 일행이 타고 가던 배가 다른 기선에 부딪혀 침몰하게 되었다. 이때 일등석에 있던 아펜젤러는 금방 구조될 수 있었으나, 동행했던 여학생을 찾기 위해 갑판 아래 3등실로 내려가는 바람에 배와 함께 침몰하게 되었다. 그는 "사람이 친구를 위하여 자기 목숨을 버리면 이보다 더 큰 사랑이 없다"(요한복음15:13)는 말씀을 그대로 실행하였던 것이다.

그는 조선에 와서 한 알의 밀알처럼 썩어졌지만, 많은 열매를 맺을 수 있었다. 그가 사망할 때까지 배재학당의 매년 등록생 수를 산술적으로 합하면 약 1,564명에 이르는데, 이들의 평균 3년을 재학하었디고 기정히면, 이펜젤리는 생전에 500여 명 이상을 가르쳐 한국사회에 배출했던 것이다. 그리고 최초의 감리교회인 정동제일교회를 비롯하여 수많은 교회를 설립하였다. 아펜젤러는 배재학당의 교장으로서 협성회의 창립과 활동에 직간접적으로 후원함으로써 학생들에게 기독교 신앙과 근대의식, 그리고 자주독립 사상을 고취시켰을 뿐만 아니라, 독립협회와 만민공동회에서 배재학생들이 주도적인 역할을 하는데 아낌없는 후원을 다하였다. 아펜젤러는 암울한 시대의 젊은이들을 현실 도피적이고 내세적인 신앙의 골방으로 이끈 것이 아니라, 민족자주와 독립을 위해 외세의 침략에 맞서 싸우는 광장으로 이끌었다. 이것은 기독교 신앙이 개인적인 영역뿐만이 아니라, 사회적이고 정치적인 영역을 포함한 삶의 전 영역과 관계되어 있다고 확신한 아펜젤러에겐 자연스러운 것이었으며, 이 정신이 일제 치하에서도 기독 청년들과 배재인 속에서 사라지지 않았다.

□ 참고문헌

기독교윤리실천운동 사회복지위원회, 『교회의 사회복지 참여하고 실천하기』, 서울: 대한기독교서회, 2001.

김기원, 『기독교사회복지론』, 파주: 교육과학사, 2009.

김기철, "놀이로 구현되는 하나님 형상," 『신학사상』 160집, 2013.

김기철, "다움의 영성: 근원적 자기추구," 『신학과 실천』 50집, 2013.

대니엘 팰스, 『종교에 대한 여덟 가지 이론들』, 서울: 한국기독교연구소, 2013.

데렐 R. 왓킨스, 『기독교 사회복지』, 서울: 베드로서원, 2003.

루이스 벌코프, 『조직신학(상, 하)』, 서울: 크리스챤다이제스트, 1991.

마조리에 톰슨, 『영성훈련의 이론과 실천』, 서울: 은성, 2010.

마커스 보그, 『성경 새롭게 다시 읽기』, 서울: 연세대학교 출판부, 2009.

맬러리 나이, 『문화로 본 종교학』, 서울: 논형, 2013.

민경식, 『신약성서 우리에게 오기까지』, 서울: 대한기독교서회, 2008.

박영신/조성돈·정재영 엮음, "종교와 시민사회," 『시민사회 속에 기독교회』, 서울:예영커뮤니케이션, 2008.

박종천, 『하나님 심정의 신학』, 서울: 대한기독교서회, 2012.

박창환, 『성경의 형성사』, 서울: 대한기독교서회, 1997.

볼프강 후버, 『교회』, 서울: 한국신학연구소, 1993.

서정민, 『하룻밤에 읽는 한국교회사(상, 하)』, 서울: 말씀과 만남, 2002.

성 버나드, 『하나님의 사랑』, 서울: 크리스챤다이제스트사, 2003.

신재식, 『예수와 다윈의 동행』, 서울: 사이언스북스, 2013.

아르빈드 샤르마 외, 『우리 인간의 종교들』, 서울: 소나무, 2013.

안 신, 류성민, 『세계의 종교』, 서울: 방송통신대학교 출판문화원, 2014.

안 신, 방원일, 『공직자 종교교양 함양을 위한 교육메뉴얼 개발연구』, 세종: 문체부, 2013.

안 신, 『세계 기독교의 이해』, 제2개정판, 대전: 배재대학교 학술정보처, 2013.
안 신, 『세계 종교철학의 이해: 특수와 보편』, 대전: 배재대학교 학술정보처, 2012.
안 신, 『종교 심리학의 이해』, 대전: 대진사, 2013.
안 신, 『종교와 종교학』, 대전: 배재대학교출판부, 2011.
예장녹색교회협의회 한국교회환경연구소, 『녹색교회와 생명목회: 생명을 담은 녹색교회 이야기』, 서울: 동연, 2013.
위르겐 몰트만, 『생명의 영』, 서울: 대한기독교서회, 1992.
유미호, 『기후 붕괴 시대 생명을 살리는 교회 환경교육』, 서울: 동연, 2011.
윤철호, 『너희는 나를 누구라 하느냐?: 통전적 예수 그리스도론』, 서울: 대한기독교서회, 2013.
이만열, 『한국기독교 수용사 연구』, 서울: 두레시대, 2001.
이만열, 『한국기독교와 민족통일운동』, 서울: 한국기독교역사연구소, 2001.
이성덕, 『기독교 역사의 전환점들』, 서울: KMC, 2011.
이성덕, 『이야기 교회사: 교양인을 위한 13가지 기독교 신앙 이야기』, 파주: 살림출판사, 2007.
이정배. 『생태학과 신학』, 서울: 종로서적, 1993.
임성빈, 『한국교회와 사회적 책임』, 서울: 장로회신학대학교출판부, 1997.
장일선, 『생명나무와 가시덤불』, 제3판, 서울: 대한기독교서회, 2000.
조태연, 『예수 이야기 2 - 하나님 나라와 여행』, 서울: 대한기독교서회, 2002.
존 브라이트, 『이스라엘의 역사』, 서울: 은성, 2002.
존 스토트, 『현대 사회 문제와 그리스도인의 책임』, 서울: IVP, 2011.
존 힉, 『종교철학』, 서울: 동문선, 2000.
칼 바르트, 『교회교의학1-1』, 서울: 대한기독교서회, 2003.
칼 바르트, 『교회교의학2-1』, 서울: 대한기독교서회, 2010.
토마스 하트, 『현대인의 영성 탐구』, 서울: 은성, 2000.

톰 라이트, 『마침내 드러난 하나님의 나라』, 서울: 한국기독학생회, 2009.
톰 라이트, 『성경과 하나님의 권위』, 서울: 새물결플러스, 2011.
톰 라이트, 『예수』, 파주: 살림, 2007.
톰 라이트, 『톰 라이트, 바울의 복음을 말하다』, 평택: 에클레시아북스, 2011.
폴 스티븐스, 『현대인을 위한 생활영성』, 서울: IVP, 1996.
폴 틸리히, 『조직신학2』, 서울: 한들출판사, 2003.
폴 틸리히, 『조직신학3』, 서울: 한들출판사, 2005.
한국기독교역사연구소, 『한국기독교의 역사 I, II』, 서울: 기독교문사, 1989.
한스 큉, 『그리스도교』, 왜관: 분도출판사, 2002.
Alister E. McGrath, Christian Theology, Oxford: Oxford University Press, 1997.